LE COMTE
DE
MONTE-CHRISTO

PAR

ALEXANDRE DUMAS.

7

PARIS.

PÉTION, LIBRAIRE-ÉDITEUR

DES ŒUVRES COMPLETES D'EUGÈNE SUE,

11, RUE DU JARDINET.

1845

LE COMTE
DE
MONTE-CHRISTO.

PARIS. — IMPRIMERIE DE A. HENRY,
RUE GIT-LE-COEUR, 8.

LE COMTE

DE

MONTE-CHRISTO

PAR

ALEXANDRE DUMAS.

VII.

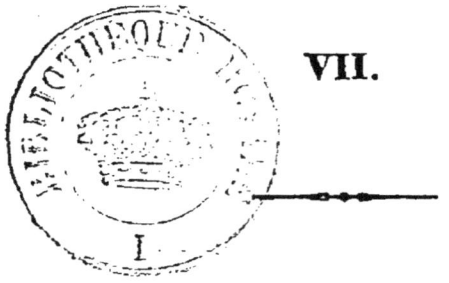

PARIS,

PÉTION, LIBRAIRE-ÉDITEUR,

11, RUE DU JARDINET.

1845.

LE COMTE DE MONTE-CHRISTO.

CHAPITRE PREMIER.

LA VENDETTA.

(Suite.)

En rentrant dans la maison, la première chose que je vis à l'endroit le plus apparent de la chambre d'Assunta, dans un berceau somptueux relativement au reste de l'appartement, fut en enfant de sept à huit mois. Je jetai un cri de joie. Les seuls moments de tristesse que j'eusse éprouvés depuis l'assassinat du procureur du Roi m'avaient été causés par l'abandon de cet enfant. Il va sans dire que de remords de l'assassinat lui-même, je n'en avais point eu.

La pauvre Assunta avait tout deviné : elle avait profité de mon absence, et, munie de la moitié du lange, ayant inscrit, pour ne point l'oublier, le jour et l'heure précis où l'enfant avait été déposé à l'hospice, elle était partie pour Paris et avait été elle-même le réclamer. Aucune objection ne lui avait été faite, et l'enfant lui avait été remis.

Ah ! j'avoue, monsieur le Comte, qu'en voyant cette pauvre créature dormant dans son berceau, ma poitrine se gonfla, et que des larmes sortirent de mes yeux.

— En vérité, Assunta, m'écriai-je, tu es une digne femme, et la Providence te bénira.

— Ceci, dit Monte-Christo est moins exact que votre philosophie; il est vrai que ce n'est que de la foi.

— Hélas! Excellence, reprit Bertuccio, vous avez bien raison, et ce fut cet enfant lui-même que Dieu chargea de ma punition. Jamais nature plus perverse ne se déclara plus prématurément, et cependant on ne dira pas qu'il fut mal élevé, car ma sœur le traitait comme le fils d'un prince; c'était un garçon d'une figure charmante, avec des yeux d'un bleu clair comme ces tons de faïences chinoises qui s'harmonisent si bien avec le blanc laiteux du ton général; seulement ses cheveux, d'un blond trop vif, donnaient à sa figure un caractère étrange, qui doublait la vivacité de son regard et la malice de son sourire. Malheureusement il y a un proverbe qui dit que le roux est tout bon ou tout mauvais; le proverbe ne mentit pas pour Benedetto, et dès sa jeunesse il se montra tout mauvais. Il est vrai aussi que la douceur de sa mère encouragea ces premiers penchants; l'enfant, pour qui ma pauvre sœur allait au marché de la ville, située à quatre ou cinq lieues de là, acheter les premiers fruits et les sucreries les plus délicates, préférait aux oranges de Palma et aux conserves de Gênes les châtaignes volées au voisin en franchissant les haies, ou les pommes séchées dans son grenier, tandis qu'il avait à sa disposition les châtaignes et les pommes de notre verger.

Un jour, Benedetto pouvait avoir cinq ou six ans, le voisin Wasilio, qui, selon les habitudes de notre pays, n'enfermait ni sa bourse ni ses bijoux, car monsieur le Comte le sait aussi bien que personne, en Corse il n'y a pas de voleurs, le voisin Wasilio se plaignit à nous qu'un louis avait disparu de sa bourse; on crut qu'il avait mal compté, mais lui prétendit être sûr de son fait. Ce jour-là Benedetto avait quitté la maison dès le matin, et c'était une grande inquiétude chez nous, lorsque le soir nous le vîmes revenir traînant un singe qu'il avait trouvé, disait-il, tout enchaîné au pied d'un arbre. Depuis un mois la passion du méchant enfant, qui ne savait quelle chose s'imaginer, était d'avoir un singe. Un bateleur qui était passé à Rogliano, et qui avait plusieurs de ces animaux dont les exercices l'avaient fort réjoui, lui avait inspiré sans doute cette malheureuse fantaisie.

— On ne trouve pas de singe dans nos bois, lui dis-je, et surtout de singe tout enchaîné ; avoue-moi donc comment tu t'es procuré celui-ci.

Benedetto soutint son mensonge, et l'accompagna de détails qui faisaient plus d'honneur à son imagination qu'à sa véracité ; je m'irritai, il se mit à rire ; je le menaçai, il fit deux pas en arrière.

— Tu ne peux pas me battre, dit-il, tu n'en as pas le droit, tu n'es pas mon père.

Nous ignorâmes toujours qui lui avait révélé ce fatal secret, que nous lui avions caché cependant avec tant de soin ; quoi qu'il en soit, cette réponse dans laquelle l'enfant se révélait tout entier, m'épouvanta presque, mon bras levé retomba effectivement sans toucher le coupable ; l'enfant triompha, et cette victoire lui donna une telle audace qu'à partir de ce moment tout l'argent d'Assunta, dont l'amour semblait augmenter pour lui à mesure qu'il en était moins digne, passa en caprices qu'elle ne savait pas combattre, et en folies qu'elle n'avait point le courage d'empêcher. Quand j'étais à Rogliano, les choses marchaient encore assez convenablement ; mais dès que j'étais parti, c'était Benedetto qui était devenu le maître de la maison, et tout tournait à mal. Agé de onze ans à peine, tous ses camarades étaient choisis parmi des jeunes gens de dix-huit ou vingt ans, les plus mauvais sujets de Bastia et de Corse, et déjà, pour quelques espiègleries qui méritaient un nom plus sérieux, la justice nous avait donné des avertissements.

Je fus effrayé; toute information pouvait avoir des suites funestes : j'allais justement être forcé de m'éloigner de la Corse pour une expédition importante. Je réfléchis longtemps, et, dans le pressentiment d'éviter quelques malheurs, je me décidai à emmener Benedetto avec moi. J'espérais que la vie active et rude du contrebandier, la discipline sévère du bord, changeraient ce caractère prêt à se corrompre, s'il n'était pas déjà affreusement corrompu.

Je tirai donc Benedetto à part et lui fis la proposition de me suivre, en entourant cette proposition de toutes les promesses qui peuvent séduire un enfant de douze ans.

Il me laissa aller jusqu'au bout, et lorsque j'eus fini, éclatant de rire :

— Etes-vous fou, mon oncle ? dit-il (il m'appelait ainsi quand il était de belle humeur); moi changer la vie que je mène contre celle que vous menez, ma bonne et excellente paresse contre l'horrible travail que vous vous êtes imposé ! passer la nuit au froid, le jour au chaud ; se cacher sans cesse quand on se montre, recevoir des coups de fusil, et tout cela pour gagner un peu d'argent ! L'argent, j'en ai tant que j'en veux ! mère Assunta m'en donne quand je lui en demande. Vous voyez donc bien que je serais un imbécille si j'acceptais ce que vous me proposez.

J'étais stupéfait de cette audace et de ce raisonnement. Benedetto retourna jouer avec ses camarades, et je le vis de loin me montrant à eux comme un idiot.

— Charmant enfant! murmura Monte-Christo.

— Oh! s'il eût été à moi, répondit Bertuccio, s'il eût été mon fils, ou tout au moins mon neveu, je l'eusse bien ramené au droit sentier, car la conscience donne la force. Mais l'idée que j'allais battre un enfant dont j'avais tué le père me rendait toute correction impossible. Je donnai de bons conseils à ma sœur, qui, dans nos discussions, prenait sans cesse la défense du petit malheureux; et comme elle m'avoua que plusieurs fois des sommes assez considérables lui avaient manqué, je lui indiquai un endroit où elle pouvait cacher notre petit trésor. Quant à moi, ma résolution était prise, Benedetto savait parfaitement lire, écrire et compter, car lorsqu'il voulait s'adonner par hasard au travail, il apprenait en un jour ce que les autres apprenaient en une semaine. Ma résolution, dis-je, était prise ; je devais l'engager comme secrétaire sur quelque navire au long cours, et, sans le prévenir de rien, le faire prendre un beau matin et le faire transporter à bord; de cette façon, et en le recommandant au capitaine, tout son avenir dépendait de lui.

Ce plan arrêté, je partis pour la France.

Toutes nos opérations devaient cette fois s'exécuter dans le golfe de Lyon, et ces opérations devenaient de plus en plus difficiles, car nous étions en 1829. La tranquillité était parfaitement rétablie, et par conséquent le service des côtes était redevenu plus régulier et plus sévère que jamais. Cette surveillance était encore augmentée momentanément par la foire de Beaucaire qui venait de s'ouvrir.

Les commencements de notre expédition s'exécutèrent sans encombre. Nous amarrâmes notre barque, qui avait un double fond dans lequel nous cachions nos marchandises de contrebande, au milieu d'une quantité de bateaux qui bordaient les deux rives du Rhône depuis Beaucaire jusqu'à Arles. Arrivés là, nous commençâmes à décharger nuitamment nos marchandises prohibées, et à les faire passer dans la ville par l'intermédiaire des gens qui étaient en relations avec nous ou des aubergistes chez lesquels nous faisions des dépôts. Soit que la réussite nous eût rendus imprudents, soit que nous ayons été trahis, un soir, vers les cinq heures de l'après-midi, comme nous allions nous mettre à goûter, notre petit mousse accourut tout effaré en disant qu'il avait vu une escouade de douaniers se diriger de notre côté. Ce n'était pas précisément l'escouade qui nous effrayait : à chaque instant, surtout dans ce moment-là, des compagnies entières rôdaient sur les bords du Rhône; mais c'étaient les précautions qu'au dire de l'enfant cette escouade prenait pour ne pas être vue. En un instant nous fûmes sur pied, mais il était déjà trop tard : notre barque, évidemment l'objet des recherches, était entourée. Parmi les douaniers, je remarquai quelques gendarmes; et, aussi timide à la vue de ceux-ci que j'étais brave ordinairement à la vue de tout autre corps militaire, je descendis dans la cale, et, me glissant par un sabord, je me laissai couler dans le fleuve, puis je nageai entre deux eaux, ne respirant qu'à de longs intervalles, si bien que je gagnai sans être vu une tranchée que l'on venait de faire, et qui communiquait du Rhône au canal qui se rend de Beaucaire à Aiguesmortes. Une fois arrivé là, j'étais sauvé, car je pouvais suivre sans être vu cette tranchée. Je gagnai donc le canal sans accident. Ce n'était pas par hasard et sans préméditation que j'avais suivi ce chemin; j'ai déjà parlé à Votre Excellence d'un aubergiste de Nimes qui avait établi sur la route de Bellegarde à Beaucaire une petite hôtellerie.

— Oui, dit Monte-Christo, je me souviens parfaitement. Ce digne homme, si je ne me trompe, était même votre associé?

— C'est cela, répondit Bertuccio; mais depuis sept ou huit ans il avait cédé son établissement à un ancien tailleur de Marseille qui, après s'être ruiné dans son état, avait voulu essayer de faire sa fortune dans un autre. Il va sans dire que les petits arrangements que nous avions faits avec le premier propriétaire furent maintenus avec le second ; c'était donc à cet homme que je comptais demander asile.

— Et comment se nommait cet homme ? demanda le comte qui paraissait commencer à reprendre quelque intérêt au récit de Bertuccio.

— Il s'appelait Gaspard Caderousse, il était marié à une femme du village de la Carconte, et que nous ne connaissions pas sous un autre nom que celui de son village ; c'était une pauvre femme atteinte de la fièvre des marais, qui s'en allait mourant de langueur. Quant à l'homme, c'était un robuste gaillard de quarante à quarante-cinq ans, qui plus d'une fois nous avait, dans des circonstances difficiles, donné des preuves de sa présence d'esprit et de son courage.

— Et vous dites, demanda Monte-Christo, que ces choses se passaient vers l'année...

— 1829, monsieur le Comte.

— En quel mois ?

— Au mois de juin.

— Au commencement ou à la fin ?

— C'était le 3 au soir.

— Ah ! fit Monte-Christo, le 3 juin 1829... Bien, continuez.

— C'était donc à Caderousse que je comptais demander asile ; mais, comme d'habitude, et même dans les circonstances ordinaires, nous n'entrions pas chez lui par la porte qui donnait sur la route, je résolus de ne pas déroger à nos habitudes, j'enjambai la haie du jardin, je me glissai en rampant à travers les oliviers rabougris et les figuiers sauvages, et je gagnai, dans la crainte que Caderousse eût quelque voyageur dans son auberge, une espèce de soupente dans laquelle plus d'une fois j'avais passé la nuit aussi bien que dans le meilleur lit. Cette soupente n'était séparée de la salle commune du rez-de-chaussée de l'auberge que par une cloison en planches dans laquelle des jours avaient été ménagés à notre intention, afin que de là nous pussions guetter le moment opportun de faire reconnaître que nous étions dans le voisinage. Je comptais, si Caderousse était seul, le prévenir de mon arrivée, achever chez lui le repas interrompu par l'apparition des douaniers, et profiter de l'orage qui se préparait pour regagner les bords du Rhône et m'assurer de ce qu'étaient devenus la barque et ceux qui la montaient. Je me glissai donc dans la soupente, et bien m'en prit, car en ce moment-là même Caderousse rentrait chez lui avec un inconnu.

Je me tins coi et j'attendis, non point dans l'intention de surprendre les secrets de mon hôte, mais parce que je ne pouvais faire autrement ; d'ailleurs dix fois même chose était déjà arrivée.

L'homme qui accompagnait Caderousse était évidemment étranger au midi de la France : c'était un de ces négociants forains qui viennent vendre des bijoux à la foire de Beaucaire et qui, pendant un mois que dure cette foire, où affluent des marchands et des acquéreurs de toutes les parties de l'Europe, font quelquefois pour cent ou cent cinquante mille francs d'affaires.

Caderousse entra vivement et le premier.

Puis, voyant la salle d'en bas vide comme d'habitude et simplement gardée par son chien, il appela sa femme.

— Hé! la Carconte, dit-il, ce digne homme de prêtre ne nous avait pas trompés ; le diamant était bon.

Une exclamation joyeuse se fit entendre, et presque aussitôt l'escalier craqua sous un pas alourdi par la faiblesse et la maladie.

— Qu'est-ce que tu dis? demanda la femme plus pâle qu'une morte.

— Je dis que le diamant était bon, que voilà Monsieur, un des premiers bijoutiers de Paris, qui est prêt à nous en donner cinquante mille francs. Seulement, pour être sûr que le diamant est bien à nous, il demande que tu lui racontes, comme je l'ai déjà fait, de quelle façon miraculeuse le diamant est tombé entre nos mains. En attendant, Monsieur, asseyez-vous, s'il vous plaît, et comme le temps est lourd, je vais aller chercher de quoi vous rafraîchir.

Le bijoutier examinait avec attention l'intérieur de l'auberge et la pauvreté bien visible de ceux qui allaient lui vendre un diamant qui semblait sorti de l'écrin d'un prince.

— Racontez, Madame, dit-il, voulant sans doute profiter de l'absence du mari pour qu'aucun signe de la part de celui-ci n'influençât la femme, et pour voir si les deux récits cadreraient bien l'un avec l'autre.

— Eh! mon Dieu! dit la femme avec volubilité, c'est une bénédiction du ciel à laquelle nous étions loin de nous attendre. Imaginez-vous, mon cher Monsieur, que mon mari a été lié en 1814 ou 1815 avec un marin, nommé Edmond Dantès ; ce pauvre garçon, que Caderousse avait complétement oublié, ne l'a pas oublié, lui, et lui a laissé en mourant le diamant que vous venez de voir.

— Mais comment était-il devenu possesseur de ce diamant ? demanda le bijoutier. Il l'avait donc avant d'entrer en prison ?

— Non, Monsieur, répondit la femme; mais en prison il a fait, à ce qu'il paraît, la connaissance d'un Anglais très-riche; et comme en prison son compagnon de chambre est tombé malade, et que Dantès en prit les mêmes soins que si c'était son frère, l'Anglais, en sortant de captivité, laissa au pauvre Dantès, qui, moins heureux que lui, est mort en prison, ce diamant qu'il nous a légué à son tour en mourant, et qu'il a chargé le digne abbé qui est venu ce matin de nous remettre.

— C'est bien la même chose, murmura le bijoutier ; et, au bout du compte, l'histoire peut être vraie, tout invraisemblable qu'elle paraisse au premier abord. Il n'y a donc que le prix sur lequel nous ne sommes pas d'accord.

— Comment ! pas d'accord ! dit Caderousse ; je croyais que vous aviez consenti au prix que j'en demandais.

— C'est-à-dire, reprit le bijoutier, que j'en ai offert quarante mille francs.

— Quarante mille ! s'écria la Carconte ; nous ne le donnerons certainement pas pour ce prix-là. L'abbé nous a dit qu'il valait cinquante mille francs, et sans la monture encore.

— Et comment se nommait cet abbé ? demanda l'infatigable questionneur.

— L'abbé Busoni, répondit la femme.

— C'était donc un étranger ?

— C'était un Italien des environs de Mantoue, je crois.

— Montrez-moi ce diamant, reprit le bijoutier, que je le revoie une seconde fois; souvent on juge mal les pierres à une première vue.

Caderousse tira de sa poche un petit étui de chagrin noir, l'ouvrit et le passa au bijoutier. A la vue du diamant qui était gros comme une petite noisette, je me le rappelle comme si je le voyais encore, les yeux de la Carconte étincelèrent de cupidité.

— Et que pensiez-vous de tout cela, Monsieur l'écouteur aux portes? demanda Monte-Christo ; ajoutiez-vous foi à cette belle fable ?

— Oui, Excellence, je ne regardais pas Caderousse comme un méchant homme, et je le croyais incapable d'avoir commis un crime ou même un vol.

— Cela fait plus d'honneur à votre cœur qu'à votre expérience, monsieur Bertuccio. Aviez-connu cet Edmond Dantès dont il était question ?

— Non, Excellence, je n'en avais jamais entendu parler jusqu'alors, et je n'en ai jamais entendu reparler depuis qu'une seule fois par l'abbé Busoni lui-même, quand je le vis dans les prisons de Nîmes.

— Bien ! continuez.

Le bijoutier prit la bague des mains de Caderousse, et tira de sa poche une petite pince d'acier et une petite paire de balances de cuivre, puis, écartant les crampons d'or qui retenaient la pierre dans la bague, il fit sortir le diamant de son alvéole, et le pesa minutieusement dans les balances.

— J'irai jusqu'à quarante-cinq mille francs, dit-il, mais je ne donnerai pas un sou avec; d'ailleurs, comme c'était ce que valait le diamant, j'ai pris juste cette somme sur moi.

— Oh! qu'à cela ne tienne, dit Caderousse, je retournerai avec vous à Beaucaire pour chercher les autres cinq mille francs.

— Non, dit le bijoutier en rendant l'anneau et le diamant à Caderousse; non, cela ne vaut pas davantage, et encore je je suis fâché d'avoir offert cette somme, attendu qu'il y a dans la pierre un défaut que je n'avais pas vu d'abord ; mais n'importe, je n'ai qu'une parole, j'ai dit quarante-cinq mille francs; je ne m'en dédis pas.

— Au moins remettez le diamant dans la bague, dit aigrement la Carconte.

— C'est juste, dit le bijoutier; il replaça la pierre dans le chaton.

— Bon, bon, bon, dit Caderousse en remettant l'étui dans sa poche, on le vendra à un autre.

— Oui, reprit le bijoutier, mais un autre ne sera pas si facile que moi; un autre ne se contentera pas des renseignements que vous m'avez donnés; il n'est pas naturel qu'un homme comme vous possède un diamant de cinquante mille francs, il ira prévenir les magistrats, il faudra retrouver l'abbé Busoni, et les abbés qui donnent des diamants de deux mille louis sont rares; la justice commencera par mettre la main dessus, on vous enverra en prison; et si vous êtes reconnu innocent, qu'on vous mette dehors après trois ou quatre mois de captivité, la bague se sera égarée au greffe, où l'on vous donnera une pierre fausse qui vaudra trois francs au lieu d'un diamant qui en vaut cinquante mille, cinquante-cinq mille peut-être, mais que, vous en conviendrez, mon brave homme, on court certains risques à acheter.

Caderousse et sa femme s'interrogèrent du regard.

— Non, dit Caderousse, nous ne sommes pas assez riches pour perdre cinq mille francs.

— Comme vous voudrez, mon cher ami, dit le bijoutier ; j'avais cependant, comme vous le voyez, apporté de la belle monnaie.

Et il tira d'une de ses poches une poignée d'or qu'il fit briller aux yeux éblouis de l'aubergiste, et, de l'autre, un paquet de billets de banque.

Un rude combat se livrait visiblement dans l'esprit de Caderousse : il était évident que ce petit étui de chagrin qu'il tournait et retournait dans sa main ne lui paraissait pas correspondre, comme valeur, à la somme énorme qui fascinait ses yeux.

Il se retourna vers sa femme.

— Qu'en dis-tu? lui demanda-t-il tout bas.

— Donne, donne, dit-elle; s'il retourne à Beaucaire sans le diamant, il nous dénoncera ; et, comme il le dit, qui sait si nous pourrons jamais remettre la main sur l'abbé Busoni.

— Eh bien! soit, dit Caderousse, prenez donc le diamant pour quarante-cinq mille francs ; mais ma femme veut une chaîne d'or, et moi, une paire de boucles d'argent.

Le bijoutier tira de sa poche une boîte longue et plate qui contenait plusieurs échantillons des objets demandés.

— Tenez, dit-il, je suis rond en affaires ; choisissez.

La femme choisit une chaîne d'or qui pouvait valoir cinq louis, et le mari une paire de boucles qui pouvait valoir quinze francs.

— J'espère que vous ne vous plaindrez pas? dit le bijoutier.

— L'abbé avait dit qu'il valait cinquante mille francs, murmura Caderousse.

— Allons, allons, donnez donc! Quel homme terrible, reprit le bijoutier en lui tirant des mains le diamant, je lui compte quarante-cinq mille francs, deux mille cinq cents livres de rente, c'est-à-dire une fortune comme je voudrais bien en avoir une, moi, et il n'est pas encore content!

— Et les quarante-cinq mille francs, demanda Caderousse d'une voix rauque; voyons, où sont-ils?

— Les voilà, dit le bijoutier.

Et il compta sur la table quinze mille francs en or et trente mille francs en billets de banque.

— Attendez que j'allume la lampe, dit la Carconte, il n'y fait plus clair, et on pourrait se tromper.

En effet, la nuit était venue pendant cette discussion, et avec la nuit, l'orage qui menaçait depuis une demi-heure. On entendait gronder sourdement le tonnerre dans le lointain; mais ni le bijoutier, ni Caderousse, ni la Carconte ne paraissaient s'en occuper, possédés qu'ils étaient tous les trois du démon du gain.

Moi-même j'éprouvais une étrange fascination à la vue de tout cet or et de tous ces billets. Il me semblait que je faisais un rêve, et comme il arrive dans un rêve, je me sentais enchaîné à ma place.

Caderousse compta et recompta l'or et les billets, puis il les passa à sa femme, qui les compta et recompta à son tour. Pendant ce temps, le bijoutier faisait miroiter le diamant sous le rayon de la lampe, et le diamant jetait des éclairs qui lui faisaient oublier ceux qui, précurseurs de l'orage, commençaient à enflammer les fenêtres.

— Eh bien! le compte y est-il? demanda le bijoutier.

— Oui, dit Caderousse, donne le portefeuille et cherche un sac, Carconte.

La Carconte alla à une armoire et revint apportant un vieux portefeuille de cuir, duquel on tira quelques lettres graisseuses à la place desquelles on remit les billets, et un sac dans lequel étaient enfermés deux ou trois écus de six livres, qui composaient probablement toute la fortune du misérable ménage.

— Là, dit Caderousse, quoique vous nous ayez soulevé une dizaine de mille francs peut-être, voulez-vous souper avec nous ? c'est de bon cœur.

— Merci, dit le bijoutier, il doit se faire tard, et il faut que je retourne à Beaucaire ; ma femme serait inquiète : il tira sa montre. Morbleu ! s'écria-t-il, neuf heures bientôt, je ne serai pas à Beaucaire avant minuit; adieu, mes petits enfants ;

s'il vous revient par hasard des abbés Busoni, pensez à moi.

— Dans huit jours vous ne serez plus à Beaucaire, dit Caderousse, puisque la foire finit la semaine prochaine.

— Non, mais cela ne fait rien ; écrivez-moi à Paris, à Monsieur Joannès, au Palais-Royal, galerie de Pierre, n° 45, je ferai le voyage exprès si cela en vaut la peine.

Un coup de tonnerre retentit, accompagné d'un éclair si violent qu'il effaça presque la clarté de la lampe.

— Oh ! oh ! dit Caderousse, vous allez partir par ce temps-là ?

— Oh! je n'ai pas peur du tonnerre, dit le bijoutier.

— Et des voleurs? demanda la Carconte. La route n'est jamais bien sûre pendant la foire.

— Oh! quant aux voleurs, dit Joannès, voilà pour eux.

Et il tira de sa poche une paire de petits pistolets chargés jusqu'à la gueule.

— Voici, dit-il, des chiens qui aboient et mordent en même temps : c'est pour les deux premiers qui auraient envie de votre diamant, père Caderousse.

Caderousse et sa femme échangèrent un regard sombre. Il paraît qu'ils avaient en même temps quelque terrible pensée.

— Alors, bon voyage! dit Caderousse.

— Merci ! dit le bijoutier.

Il prit sa canne, qu'il avait posée contre un vieux bahut, et sortit. Au moment où il ouvrit la porte, une telle bouffée de vent entra qu'elle faillit éteindre la lampe.

— Oh! dit-il, il va faire un joli temps, et deux lieues de pays à faire avec ce temps-là!

— Restez, dit Caderousse, vous coucherez ici.

— Oui, restez, dit la Carconte d'une

voix tremblante ; nous aurons bien soin de vous.

— Non pas, il faut que j'aille coucher à Beaucaire. Adieu.

Caderousse alla lentement jusqu'au seuil.

— Il ne fait ni ciel ni terre, dit le bijoutier déjà hors de la maison. Faut-il prendre à droite ou à gauche ?

— A droite, dit Caderousse ; il n'y a pas à s'y tromper, la route est bordée d'arbres de chaque côté.

— Bon, j'y suis, dit la voix presque perdue dans le lointain.

— Ferme donc la porte ! dit la Carconte, je n'aime pas les portes ouvertes quand il tonne.

— Et quand il y a de l'argent dans la maison, n'est-ce pas ? répondit Caderousse en donnant un double tour à la serrure.

Il rentra, alla à l'armoire, retira le sac et le portefeuille, et tous deux se mirent à recompter pour la troisième fois leur or et leurs billets.

Je n'ai jamais vu expression pareille à ces deux visages dont cette maigre lampe éclairait la cupidité. La femme surtout était hideuse ; le tremblement fiévreux qui l'animait habituellement avait redoublé. Son visage, de pâle, était devenu livide ; ses yeux caves flamboyaient.

— Pourquoi donc, demanda-t-elle d'une voix sourde, lui avais-tu offert de coucher ici ?

— Mais, répondit Caderousse en tressaillant, pour... pour qu'il n'eût pas la peine de retourner à Beaucaire.

— Ah ! dit la femme avec une expression impossible à rendre, je croyais que c'était pour autre chose, moi.

— Femme ! femme, s'écria Caderousse, pourquoi as-tu de pareilles idées, et pourquoi les ayant ne les gardes-tu pas pour toi ?

— C'est égal, dit la Carconte après un instant de silence, tu n'es pas un homme.

— Comment cela ? fit Caderousse.

— Si tu avais été un homme, il ne serait pas sorti d'ici.

— Femme !

— Ou bien il n'arriverait pas à Beaucaire.

— Femme !

— La route fait un coude, il est obligé de suivre la route, tandis qu'il y a le long du canal un chemin qui raccourcit.

— Femme, tu offenses le bon Dieu. Tiens, écoute...

En effet, on entendit un effroyable coup de tonnerre en même temps qu'un éclair bleuâtre enflammait toute la salle, et la foudre, décroissant lentement, sembla s'éloigner comme à regret de la maison maudite.

— Jésus! dit la Carconte en se signant.

Au même instant, et au milieu de ce silence de terreur qui suit ordinairement les coups de tonnerre, on entendit frapper à la porte.

Caderousse et sa femme tressaillirent et se regardèrent épouvantés.

— Qui va là? s'écria Caderousse en se levant et en réunissant en un seul tas l'or et les billets épars sur la table, et qu'il couvrit de ses deux mains.

— Moi! dit une voix.

— Qui? vous!

— Eh! pardieu! Joannès, le bijoutier!

— Eh bien! que disais-tu donc, reprit la Carconte avec un effroyable sourire, que j'offensais le bon Dieu?... Voilà le bon Dieu qui nous le renvoie!

Caderousse retomba pâle et haletant sur sa chaise.

La Carconte, au contraire, se leva, et allant d'un pas ferme à la porte, qu'elle rouvrit.

— Entrez donc, cher monsieur Joannès, dit-elle.

— Ma foi! dit le bijoutier ruisselant de

pluie, il paraît que le diable ne veut pas que je retourne à Beaucaire ce soir. Les plus courtes folies sont les meilleures, mon cher monsieur Caderousse ; vous m'avez offert l'hospitalité, je l'accepte, et je reviens coucher chez vous.

Caderousse balbutia quelques mots en essuyant la sueur qui coulait sur son front.

La Carconte referma la porte à double tour derrière le bijoutier.

CHAPITRE II.

LA PLUIE DE SANG.

En entrant, le bijoutier jeta un regard interrogateur autour de lui; mais rien ne semblait faire naître les soupçons s'il n'en avait pas, rien ne semblait les confirmer s'il en avait.

Caderousse tenait toujours des deux mains ses billets et son or. La Carconte souriait à son hôte le plus agréablement qu'elle pouvait.

— Ah! ah! dit le bijoutier, il paraît que vous aviez peur de ne pas avoir votre compte, que vous repassiez votre trésor après mon départ?

— Non pas, dit Caderousse ; mais l'évènement qui nous en a fait possesseur est si inattendu que nous n'y pouvons croire, et que, lorsque nous n'avons pas la preuve matérielle sous les yeux, nous croyons faire encore un rêve.

Le bijoutier sourit.

— Est-ce que vous avez des voyageurs dans votre auberge? demanda-t-il.

— Non, répondit Caderousse, nous ne donnons point à coucher, nous sommes trop près de la ville, et personne ne s'arrête.

— Alors, je vais vous gêner horriblement ?

— Nous gêner, vous ! mon cher Monsieur ! dit gracieusement la Carconte ; pas du tout, je vous jure.

— Voyons, où me mettrez-vous ?

— Dans la chambre, là haut.

— Mais n'est-ce pas votre chambre ?

— Oh ! n'importe ; nous avons un second lit dans la pièce à côté de celle-ci.

Caderousse regarda avec étonnement sa femme.

Le bijoutier chantonna un petit air en se chauffant le dos à un fagot que la Carconte venait d'allumer dans la cheminée pour sécher son hôte.

Pendant ce temps, elle apportait sur un coin de la table, où elle avait étendu une serviette, les maigres restes d'un dîner, auquel elle joignit deux ou trois œufs frais.

Caderousse avait renfermé de nouveau les billets dans son portefeuille, son or dans son sac, et le tout dans son armoire. Il se promenait de long en large, sombre et pensif, levant de temps en temps la tête sur le bijoutier, qui se tenait tout fumant devant l'âtre, et qui, à mesure qu'il se séchait d'un côté, se tournait de l'autre.

— Là! dit la Carconte en posant une bouteille de vin sur la table, quand vous vous voudrez souper tout est prêt.

— Et vous? demanda Joannès.

— Moi, je ne souperai pas, répondit Caderousse.

— Nous avons dîné très-tard, se hâta de dire la Carconte.

— Je vais donc souper seul, fit le bijoutier.

— Nous vous servirons, répondit la Carconte avec un empressement qui ne lui était pas habituel, même envers ses hôtes payants.

De temps en temps Caderousse lançait sur elle un regard rapide comme un éclair.

L'orage continuait.

— Entendez-vous, entendez-vous? dit la Carconte; vous avez, ma foi, bien fait de revenir.

— Ce qui n'empêche pas, dit le bijoutier, que si, pendant mon souper, l'ouragan s'apaise, je me remettrai en route.

— C'est le mistral, dit Caderousse en secouant la tête, nous en avons pour jusqu'à demain.

Et il poussa un soupir.

— Ma foi, dit le bijoutier en se mettant à table, tant pis pour ceux qui sont dehors.

— Oui, reprit la Carconte, ils passeront une mauvaise nuit.

Le bijoutier commença de souper, et la Carconte continua d'avoir pour lui tous les petits soins d'une hôtesse attentive; elle d'ordinaire si quinteuse et si revêche, elle était devenue un modèle de prévenance et de politesse. Si le bijoutier l'eût connue auparavant, un si grand changement l'eût certes étonné, et n'eût pas manqué de lui inspirer quelque soupçon. Quant à Caderousse, il ne disait pas une parole, continuant sa promenade, et paraissant hésiter même à regarder son hôte.

Lorsque le souper fut terminé, Caderousse alla lui-même ouvrir la porte.

— Je crois que l'orage se calme, dit-il.

Mais en ce moment, comme pour lui donner un démenti, un coup de tonnerre terrible ébranla la maison, et une bouffée de vent mêlée de pluie entra qui éteignit la lampe.

Caderousse referma la porte; sa femme alluma une chandelle au brasier mourant.

— Tenez, dit-elle au bijoutier, vous devez être fatigué, j'ai mis des draps blancs au lit, montez-vous coucher et dormez bien.

Joannès resta encore un instant pour s'assurer que l'ouragan ne se calmait point, et lorsqu'il eut acquis la certitude que le tonnerre et la pluie ne faisaient qu'aller en augmentant, il souhaita le bonsoir à ses hôtes et monta l'escalier.

Il passait au-dessus de ma tête et j'entendais chaque marche craquer sous ses pas.

La Carconte le suivit d'un œil avide, tandis qu'au contraire Caderousse lui tournait le dos, et ne regardait pas même de son côté.

Tous ces détails, qui sont revenus à mon esprit depuis ce temps-là, ne me frappèrent point au moment où ils se passaient sous mes yeux; il n'y avait, à tout prendre, rien que de naturel dans ce qui arrivait, et, à part l'histoire du diamant qui me paraissait bien un peu invraisemblable, tout allait de source.

Aussi comme j'étais écrasé de fatigue, que je comptais profiter moi-même du premier répit que la tempête donnerait aux éléments, je résolus de dormir quelques heures et de m'éloigner au milieu de la nuit.

J'entendais dans la pièce au-dessus le bijoutier qui faisait de son côté toutes les dispositions pour passer la meilleure nuit possible. Bientôt son lit craqua sous lui; il venait de se coucher.

Je sentais mes yeux qui se fermaient

malgré moi, et comme je n'avais conçu aucun soupçon, je ne tentai point de lutter contre le sommeil, je jetai un dernier regard sur l'intérieur de la cuisine. Caderousse était assis à côté d'une longue table, sur un de ces bancs de bois qui, dans les auberges de village, remplacent les chaises ; il me tournait le dos, de sorte que je ne pouvais voir sa physionomie ; d'ailleurs, eût-il été dans la position contraire, la chose m'eût encore été impossible, attendu qu'il tenait sa tête ensevelie dans ses deux mains.

La Carconte le regarda quelque temps, haussa les épaules et vint s'asseoir en face de lui.

En ce moment la flamme mourante gagna un reste de bois sec oublié par elle; une lueur un peu plus vive éclaira le sombre intérieur. La Carconte tenait ses yeux fixés sur son mari, et comme celui-ci restait toujours dans la même position, je la vis étendre vers lui sa main crochue, et elle le toucha au front.

Caderousse tressaillit. Il me sembla que la femme remuait les lèvres; mais soit qu'elle parlât tout-à-fait bas, soit que mes sens fussent déjà engourdis par le sommeil, le bruit de sa parole n'arriva point jusqu'à moi. Je ne voyais même plus qu'à travers un brouillard, et avec ce doute précurseur du sommeil pendant lequel on croit que l'on commence un rêve. Enfin mes yeux se fermèrent, et je perdis la conscience de moi-même.

J'étais au plus profond de mon sommeil, lorsque je fus réveillé par un coup de pistolet suivi d'un cri terrible. Quelques pas chancelants retentirent sur le plancher de la chambre, et une masse inerte vint s'abattre dans l'escalier, juste au-dessus de ma tête.

Je n'étais pas encore bien maître de moi. J'entendais des gémissements, puis des cris étouffés comme ceux qui accompagnent une lutte.

Un dernier cri, plus prolongé que les autres, et qui dégénéra en gémissement, vint me tirer complètement de ma léthargie.

Je me soulevai sur un bras, j'ouvris les yeux qui ne virent rien dans les ténèbres, et je portai la main à mon front sur lequel il me semblait que dégouttait à travers les planches de l'escalier une pluie tiède et abondante.

Le plus profond silence avait succédé à ce bruit affreux. J'entendis les pas d'un homme qui marchait au-dessus de ma tête ; ses pas firent craquer l'escalier ; l'homme descendit dans la salle inférieure, s'approcha de la cheminée et alluma une chandelle.

Cet homme, c'était Caderousse, il avait le visage pâle et sa chemise était tout ensanglantée.

La chandelle allumée, il remonta rapidement l'escalier, et j'entendis de nouveau ses pas rapides et inquiets.

Un instant après il redescendit ; il tenait à la main l'écrin, il s'assura que le diamant était bien dedans, chercha un instant dans laquelle de ses poches il le mettrait ; puis sans doute, ne considérant point la poche comme une cachette assez sûre, il le roula dans son mouchoir rouge qu'il tourna autour de son cou.

Puis il courut à l'armoire, en tira ses billets et son or, mit les uns dans le gousset de son pantalon, l'autre dans la poche de sa veste, prit deux ou trois chemises, et, s'élançant vers la porte, il disparut dans l'obscurité. Alors tout devint clair et lucide pour moi ; je me reprochai ce qui venait d'arriver, comme si j'eusse été le vrai coupable. Il me sembla entendre des gémissements : le malheureux bijoutier pouvait n'être pas mort, peut-être était-il en mon pouvoir, en lui portant secours, de réparer une partie du mal non pas que j'avais fait, mais que j'avais laissé faire. J'appuyai mes épaules contre une de ces planches mal jointes qui séparaient l'espèce de tambour dans lequel j'étais couché, de la salle inférieure. Les planches cédèrent, et je me trouvai dans la maison.

Je courus à la chandelle et je m'élançai dans l'escalier ; un corps le barrait en travers, c'était le cadavre de la Carconte.

Le coup de pistolet que j'avais entendu avait été tiré sur elle ; elle avait la gorge traversée de part en part, et, outre sa double blessure qui coulait à flots, elle vomissait le sang par la bouche.

Elle était tout-à-fait morte.

J'enjambai par-dessus son corps et je passai.

La chambre offrait l'aspect du plus affreux désordre. Deux ou trois meubles étaient renversés ; les draps auxquels le malheureux bijoutier s'était cramponné traînaient par la chambre ; lui-même était couché à terre, la tête appuyée contre le mur, nageant dans une mare de sang, qui s'échappait de trois larges blessures reçues dans la poitrine.

Dans la quatrième était resté un long couteau de cuisine, dont on ne voyait que le manche.

Je marchai sur le second pistolet, qui n'était point parti, la poudre étant probablement mouillée.

« Je m'approchai du bijoutier ; il n'était pas mort effectivement ; au bruit que je fis, à l'ébranlement du plancher surtout, il rouvrit des yeux hagards, parvint à les fixer un instant sur moi, remua les lèvres comme s'il voulait parler, et expira.

« Cet affreux spectacle m'avait rendu presque insensé ; du moment où je ne pouvais plus porter de secours à personne, je n'éprouvais plus qu'un besoin, celui de fuir. Je me précipitai dans l'escalier, en enfonçant mes mains dans mes cheveux et en poussant un rugissement de terreur.

Dans la salle inférieure il y avait cinq ou six douaniers et deux ou trois gendarmes, toute une troupe armée.

On s'empara de moi ; je n'essayai même

pas de faire résistance, je n'étais plus le maître de mes sens. J'essayai de parler, je poussai quelques cris inarticulés, voilà tout.

Je vis que les douaniers et les gendarmes me montraient au doigt ; j'abaissai mes yeux sur moi-même, j'étais tout couvert de sang. Cette pluie tiède que j'avais senti tomber sur moi à travers les planches de l'escalier, c'était le sang de la Carconte.

Je montrai du doigt l'endroit où j'étais caché.

— Que veut-il dire ? demanda un gendarme.

Un douanier alla voir.

— Il veut dire qu'il est passé par là, répondit-il.

Et il montra le trou par lequel j'avais passé effectivement.

Alors je compris qu'on me prenait pour l'assassin. Je retrouvai la voix, je retrouvai la force; je me dégageai des mains des deux hommes qui me tenaient, en m'écriant: Ce n'est pas moi! ce n'est pas moi!

Deux gendarmes me mirent en joue avec leurs carabines.

— Si tu fais un mouvement, dirent-ils, tu es mort!

— Mais, m'écriai-je, puisque je vous répète que ce n'est pas moi.

— Tu conteras ta petite histoire aux juges de Nîmes, répondirent-ils. En attendant, suis-nous ; et si nous avons un conseil à te donner, c'est de ne pas faire résistance.

Ce n'était point mon intention, j'étais brisé par l'étonnement et par la terreur. On me mit les menottes, on m'attacha à la queue d'un cheval, et l'on me conduisit à Nîmes.

J'avais été suivi par un douanier ; il m'avait perdu de vue aux environs de la maison, il s'était douté que j'y passerais la nuit ; il avait été prévenir ses compagnons, et ils étaient arrivés juste pour entendre le coup de pistolet et pour me prendre au milieu de telles preuves de culpabilité, que je compris tout de suite la peine que j'aurais à faire reconnaître mon innocence.

« Aussi ne m'attachai-je qu'à une chose; ma première demande au juge d'instruction fut pour le prier de faire chercher partout un certain abbé Busoni, qui s'était arrêté dans la journée à l'auberge du Pont-du-Gard. Si Caderousse avait inventé une histoire, si cet abbé n'existait pas, il était évident que j'étais perdu, à moins que Caderousse ne fût pris à son tour et n'avouât tout.

« Deux mois s'écoulèrent pendant lesquels, je dois le dire à la louange de mon juge, toutes les recherches furent faites pour retrouver celui que je lui demandais. J'avais déjà perdu tout espoir. Caderousse n'avait point été pris.

J'allais être jugé à la première session, lorsque le 8 septembre, c'est-à-dire trois mois et cinq jours après l'évènement, l'abbé Busoni, sur lequel je n'espérais plus, se présenta à la geôle, disant qu'il avait appris qu'un prisonnier désirait lui parler. Il avait su, disait-il, la chose à Marseille, et il s'empressait de se rendre à mon désir.

Vous comprenez avec quelle ardeur je le reçus; je lui racontai tout ce dont j'avais été témoin, j'abordai avec inquiétude l'histoire du diamant; contre mon attente elle était vraie de point en point; contre mon attente encore, il ajouta une foi entière à tout ce que je lui dis. Ce fut alors qu'entraîné par sa douce charité, reconnaissant en lui une profonde connaissance des mœurs de mon pays, pensant que le pardon du seul crime que j'eusse commis pouvait peut-être descendre de ses lèvres si charitables, je lui racontai sous le sceau de la confession, l'aventure d'Auteuil dans tous ses détails. Ce que j'avais fait par entraînement obtint le même résultat que si je l'eusse fait par calcul; l'aveu de ce premier assassinat, que rien ne me forçait de lui révéler, lui prouva que je n'avais pas commis le second, et il me quitta en m'ordonnant d'espérer, et en promettant de faire tout ce qui serait en son pouvoir pour convaincre mes juges de mon innocence.

J'eus la preuve qu'en effet il s'était occupé de moi quand je vis ma prison s'adoucir graduellement, et quand j'appris qu'on attendrait pour me juger les assises qui devaient suivre celles pour lesquelles on se rassemblait.

Dans cet intervalle, la Providence permit que Caderousse fût pris à l'étranger et ramené en France. Il avoua tout, rejetant la préméditation, et surtout l'instigation sur sa femme. Il fut condamné aux galères perpétuelles, et moi mis en liberté.

— Et ce fut alors, dit Monte-Christo, que vous vous présentâtes chez moi porteur d'une lettre de l'abbé Busoni.

— Oui, Excellence, il avait pris à moi un intérêt visible. — Votre état de contrebandier vous perdra, me dit-il ; si vous sortez d'ici, quittez-le.

— Mais, mon père, demandai-je,

comment voulez-vous que je vive et que je fasse vivre ma pauvre sœur?

— Un de mes pénitents, me répondit-il, a une grande estime pour moi, et m'a chargé de lui chercher un homme de confiance. Voulez-vous être cet homme, je vous adresserai à lui.

— Oh! mon père, m'écriai-je, que de bonté!

— Mais vous me jurez que je n'aurai jamais à me repentir.

J'étendis la main pour faire serment.

— C'est inutile, dit-il, je connais et j'aime les Corses, voici ma recommandation :

Et il écrivit les quelques lignes que je

vous remis, et sur lesquelles Votre Excellence eut la bonté de me prendre à son service. Maintenant, je le demande avec orgueil à Votre Excellence, a-t-elle jamais eu à se plaindre de moi?

— Non, répondit le comte, et je le confesse avec plaisir, vous êtes un bon serviteur, Bertuccio, quoique vous manquiez de confiance.

— Moi! monsieur le Comte!

— Oui, vous. Comment se fait-il que vous ayez une sœur et un fils adoptif, et que, cependant, vous ne m'ayez jamais parlé ni de l'une ni de l'autre?

— Hélas! Excellence, c'est qu'il me reste à vous dire la partie la plus triste de ma vie. Je partis pour la Corse.

J'avais hâte, vous le comprenez bien, de revoir et de consoler ma pauvre sœur; mais quand j'arrivai à Rogliano, je trouvai la maison en deuil ; il y avait eu une scène horrible et dont les voisins gardent encore le souvenir! Ma pauvre sœur, selon mes conseils, résistait aux exigences de Benedetto qui, a chaque instant, voulait se faire donner tout l'argent qu'il y avait à la maison. Un matin il la menaça, et disparut pendant toute la journée. Elle pleura, car cette chère Assunta avait pour le misérable un cœur de mère. Le soir vint, elle l'attendit sans se coucher. Lorsqu'à onze heures il rentra avec deux de ses amis, compagnons ordinaires de toutes ses folies, alors elle lui tendit les bras ; mais eux s'emparèrent d'elle, et l'un des trois, je tremble que ce ne soit cet infernal enfant, l'un des trois s'écria :

— Jouons à la question, et il faudra bien qu'elle avoue où est son argent.

Justement le voisin Wasilio était à Bastia; sa femme seule était restée à la maison. Nul excepté elle, ne pouvait ni voir ni entendre ce qui se passait chez ma sœur. Deux retinrent la pauvre Assunta, qui, ne pouvant croire à la possibilité d'un pareil crime, souriait à ceux qui allaient devenir ses bourreaux; le troisième alla barricader portes et fenêtres, puis il revint, et, tous trois réunis, étouffant les cris que la terreur lui arrachait devant ces préparatifs plus sérieux, approchèrent les pieds d'Assunta du brasier sur lequel ils comptaient pour lui faire avouer où était caché notre petit trésor; mais dans la lutte le feu prit à ses vêtements : ils lâchèrent alors la patiente, pour ne pas être brûlés eux-mêmes. Tout en flammes elle courut à la porte, mais la porte était fermée. Elle s'élança vers la fenêtre ; mais la fenêtre était barricadée. Alors la voisine entendit des cris affreux : c'était Assunta qui appelait au secours. Bientôt sa voix fut étouffée ; les cris devinrent des gémissements, et le lendemain, après une nuit de terreur et d'angoisses, quand la femme de Wasilio se hasarda de sortir de chez elle et fit ouvrir la porte de notre maison par le juge, on trouva Assunta à moitié brûlée, mais respirant encore ; les armoires forcées, l'argent disparu. Quant à Benedetto, il avait quitté Rogliano pour n'y plus revenir ; depuis ce jour je ne l'ai pas revu, et je n'ai pas même entendu parler de lui.

— Ce fut, reprit Bertuccio, après avoir appris ces tristes nouvelles, que j'allai à Votre Excellence. Je n'avais plus à vous parler de Benedetto, puisqu'il avait disparu, ni de ma sœur, puisqu'elle était morte.

— Et qu'avez-vous pensé de cet évènement? demanda Monte-Christo.

— Que c'était le châtiment du crime que j'avais commis, répondit Bertuccio. Ah! ces Villefort, c'était une race maudite.

— Je le crois, murmura le comte avec un accent lugubre.

— Et maintenant, n'est-ce pas, reprit Bertuccio, Votre Excellence comprend que cette maison que je n'ai pas revue depuis, que ce jardin où je me suis retrouvé tout-à-coup, que cette place où j'ai tué un homme, ont pu me causer ces sombres émotions dont vous avez voulu connaître la source; car enfin je ne suis pas bien sûr que devant moi, là, à mes pieds, M. de Villefort ne soit pas couché dans la fosse qu'il avait creusée pour son enfant.

— En effet, tout est possible, dit Monte-Christo en se levant du banc où il était assis; même, ajouta-t-il tout bas, que le procureur du Roi ne soit pas mort. L'abbé Busoni a bien fait de vous envoyer à moi. Vous avez bien fait aussi de me raconter votre histoire, car je n'aurai plus de mauvaises pensées à votre sujet. Quant à ce Benedetto si mal nommé, n'avez-vous jamais essayé de retrouver sa trace, n'avez-vous jamais cherché à savoir ce qu'il était devenu?

— Jamais. Si j'avais su où il était, au lieu d'aller à lui, j'aurais fui comme devant un monstre. Non, heureusement, jamais je n'en ai entendu parler par qui que ce soit au monde; j'espère qu'il est mort.

— N'espérez pas, Bertuccio, dit le comte : les méchants ne meurent pas ainsi, car Dieu semble les prendre sous sa garde pour en faire l'instrument de ses vengeances.

— Soit, dit Bertuccio. Tout ce que je

demande au ciel seulement, c'est de ne le revoir jamais. Maintenant, continua l'intendant en baissant la tête, vous savez tout, monsieur le Comte; vous êtes mon juge ici-bas comme Dieu le sera là-haut; ne me direz-vous point quelques paroles de consolation?

— Vous avez raison, en effet, et je puis vous dire ce que vous dirait l'abbé Busoni : celui que vous avez frappé, ce Villefort, méritait un châtiment pour ce qu'il avait fait à vous et peut-être pour autre chose encore. Benedetto, s'il vit, servira, comme je vous l'ai dit, à quelque vengeance divine, puis sera puni à son tour. Quant à vous, vous n'avez en réalité qu'un reproche à vous adresser : demandez-vous pourquoi, ayant enlevé cet enfant à la mort, vous ne l'avez pas rendu à sa mère ; là est le crime, Bertuccio.

— Oui, Monsieur, là est le crime et le véritable crime, car en cela j'ai été lâche. Une fois que j'eus rappelé l'enfant à la vie, je n'avais qu'une chose à faire, vous l'avez dit, c'était de le renvoyer à sa mère. Mais pour cela, il me fallait faire des recherches, attirer l'attention, me livrer peut-être ; je n'ai pas voulu mourir, je tenais à la vie par ma sœur, par l'amour-propre inné chez nous autres, et rester entier et victorieux dans notre vengeance ; et puis enfin, peut-être tenais-je simplement à la vie par l'amour même de la vie. Oh ! moi, je ne suis pas un brave comme mon pauvre frère !

Bertuccio cacha son visage dans ses

deux mains, et Monte-Christo attacha sur lui un long et indéfinissable regard.

Puis après un instant de silence rendu plus solennel encore par l'heure et par le lieu :

— Pour terminer dignement cet entretien qui sera le dernier sur ces aventures, M. Bertuccio, dit le comte avec un accent de mélancolie qui ne lui était pas habituel, retenez bien mes paroles, je les ai souvent entendu prononcer à l'abbé Busoni lui-même : à tous maux il est est deux remèdes, le temps et le silence. Maintenant, M. Bertuccio, laissez-moi me promener un instant dans ce jardin. Ce qui est une émotion poignante pour vous, acteur dans cette terrible scène, sera pour moi une sensation presque douce et qui donnera un double prix à cette propriété. Les arbres, voyez-vous, monsieur Bertuccio, ne plaisent que parce qu'ils font de l'ombre, et l'ombre elle-même ne plaît que parce qu'elle est pleine de rêveries et de visions. Voilà que j'ai acheté un jardin croyant acheter un simple enclos fermé de murs, et point du tout ; tout-à-coup cet enclos se trouve être un jardin tout plein de fantômes qui n'étaient point portés sur le contrat. Or, j'aime les fantômes, je n'ai jamais entendu dire que les morts eussent fait en six mille ans autant de mal que les vivants en font en un jour. Rentrez donc, monsieur Bertuccio, et allez dormir en paix. Si votre confesseur au moment suprême, est moins indulgent que ne fut l'abbé Busoni, faites-moi venir si je suis encore de ce monde, et je vous trouverai des paroles qui berceront doucement votre âme au moment où elle sera prête à se mettre en route pour faire ce rude voyage qu'on appelle l'éternité.

Bertuccio s'inclina respectueusement devant le comte, et s'éloigna en poussant un soupir.

Monte-Christo resta seul ; et faisant quatre pas en avant :

— Ici, près de ce platane, murmura-t-il, la fosse où l'enfant fut déposé : là-bas, la petite porte par laquelle on entrait dans le jardin ; à cet angle, l'escalier dérobé qui conduit à la chambre à coucher. Je ne crois pas avoir besoin d'inscrire tout cela sur mes tablettes, car voilà devant mes yeux, autour de moi, sous mes pieds, le plan en relief, le plan vivant.

Et le comte, après un dernier tour dans ce jardin, alla retrouver sa voiture, Bertuccio, qui le voyait rêveur, monta sans rien dire sur le siège auprès du cocher.

La voiture reprit le chemin de Paris.

Le soir même, à son arrivée à la maison des Champs-Elysées, le comte de Monte-Christo visita toute l'habitation comme eût pu le faire un homme familiarisé avec elle depuis longues années ; pas une seule fois, quoiqu'il marchât le premier, il n'ouvrit une porte pour une autre, et ne prit un escalier ou un corridor qui ne le conduisît pas directement où il comptait aller. Ali l'accompagnait dans cette revue nocturne. Le comte donna à Bertuccio plusieurs ordres pour l'embellissement ou la distribution nouvelle du logis, et, tirant sa montre, il dit au Nubien attentif :

— Il est onze heures et demie, Haydée ne peut tarder à arriver. A-t-on prévenu les femmes françaises ?

Ali étendit la main vers l'appartement destiné à la belle Grecque, et qui était tellement isolé qu'en cachant la porte derrière une tapisserie, on pouvait visiter toute la maison sans se douter qu'il y eût là un salon et deux chambres habités ; Ali, disons-nous donc, étendit la main vers l'appartement, montra le nombre trois avec les doigts de sa main gauche, et sur cette même main mise à plat appuyant sa tête, ferma les yeux en guise de sommeil.

— Ah! fit Monte-Christo, habitué à ce langage, elles sont trois qui attendent dans la chambre à coucher, n'est-ce pas?

— Oui, fit Ali en agitant la tête du haut en bas.

— Madame sera fatiguée ce soir, continua Monte-Christo, et sans doute elle voudra dormir; qu'on ne la fasse pas parler: les suivantes françaises doivent seulement saluer leur nouvelle maîtresse et se retirer; vous veillerez à ce que la suivante grecque ne communique pas avec les suivantes françaises.

Ali s'inclina.

Bientôt on entendit hêler le concierge; la grille s'ouvrit, une voiture roula dans l'allée et s'arrêta devant le perron. Le comte descendit; la portière était déjà ouverte; il tendit la main à une jeune femme tout enveloppée d'une mante de soie verte toute brodée d'or qui lui couvrait la tête. La jeune femme prit la main qu'on lui tendait, la baisa avec un certain amour mêlé de respect, et quelques mots furent échangés tendrement de la part de la jeune femme et avec une douce gravité de la part du comte dans cette langue sonore que le vieil Homère a mise dans la bouche de ses dieux.

Alors, précédée d'Ali qui portait un flambeau de cire rose, la jeune femme, laquelle n'était autre que cette belle Grecque, compagne ordinaire de Monte-Christo en Italie, fut conduite à son appartement, puis le comte se retira dans le pavillon qu'il s'était réservé.

A minuit et demi, toutes les lumières étaient éteintes dans la maison, et l'on eût pu croire que tout le monde dormait.

CHAPITRE III.

LE CRÉDIT ILLIMITÉ.

Le lendemain, vers deux heures de l'après-midi, une calèche attelée de deux magnifiques chevaux anglais s'arrêta devant la porte de Monte-Christo; un homme vêtu d'un habit bleu, à boutons de soie de même couleur, d'un gilet blanc sillonné par une énorme chaîne d'or et d'un pantalon de couleur noisette, coiffé de cheveux si noirs et descendant si bas sur les sourcils, que l'on eût pu hésiter à les croire naturels, tant ils semblaient peu en harmonie avec celles des rides inférieures qu'ils ne parvenaient point à cacher ; un homme enfin de cinquante à cinquante-cinq ans, et qui cherchait à en paraître cinquante, passa sa tête par la portière d'un coupé sur le panneau duquel était peinte une couronne de baron, et envoya son groom demander au concierge si le comte de Monte-Christo était chez lui.

En attendant, cet homme considérait avec une attention si minutieuse, qu'elle devenait presque impertinente, l'extérieur de la maison, ce que l'on pouvait distinguer du jardin, et la livrée de quelques domestiques que l'on pouvait apercevoir allant et venant. L'œil de cet homme était vif, mais plutôt rusé que spirituel. Ses lèvres étaient si minces, qu'au lieu de saillir en dehors elles rentraient dans la bouche ; enfin la largeur et la proéminence des pommettes, signe infaillible d'astuce ; la dépression du front, le renflement de l'occiput qui dépassait de beaucoup de larges oreilles des moins aristocratiques, contribuaient à donner pour tout physionomiste un caractère presque repoussant à la figure de ce personnage, fort recommandable aux yeux du vulgaire par ses chevaux magnifiques, l'énorme diamant qu'il portait à sa chemise et le ruban rouge qui s'étendait d'une boutonnière à l'autre de son habit.

Le groom frappa au carreau du concierge, et demanda :

— N'est-ce point ici que demeure M. le comte de Monte-Christo ?

— C'est ici que demeure Son Excellence, répondit le concierge ; mais... Il consulta Ali du regard.

Ali fit un signe négatif.

— Mais ? demanda le groom.

— Mais Son Excellence n'est pas visible, répondit le concierge.

— En ce cas, voici la carte de mon maître : M. le comte Danglars. Vous la remettrez au comte de Monte-Christo, et vous lui direz qu'en allant à la Chambre mon maître s'est détourné pour avoir l'honneur de le voir.

— Je ne parle pas à Son Excellence, dit le concierge : le valet de chambre fera la commission.

Le groom retourna vers la voiture.

— Eh bien ? demanda Danglars.

L'enfant, assez honteux de la leçon qu'il avait reçue, apporta à son maître la réponse qu'il avait reçue du concierge.

— Oh ! fit celui-ci, c'est donc un prince que ce monsieur, qu'on appelle Excellence, et qu'il n'y a que son valet de chambre qui ait le droit de lui parler ; n'importe, puisqu'il a un crédit sur moi,

il faudra bien que je le voie quand
voudra de l'argent.

Et Danglars se rejeta dans le fond d
sa voiture en criant au cocher de manière
à ce qu'on pût l'entendre de l'autre côté
de la route :

— A la Chambre des Députés !

Au travers d'une jalousie de son pavi-
lon, Monte-Christo, prévenu à temps,
avait vu le baron et l'avait étudié à l'aide
d'une excellente lorgnette avec non moins
d'attention que M. Danglars en avait mis
lui-même à analyser la maison, le jardin
et les livrées.

— Décidément, fit-il avec un geste de
dégoût et en faisant rentrer les tuyaux

de sa lunette dans leur fourreau d'ivoire, décidément c'est une laide créature que cet homme; comment, dès la première fois qu'on le voit, ne reconnaît-on pas le serpent au front aplati, le vautour au crâne bombé et la buse au bec tranchant!

— Ali! cria-t-il; puis il frappa un coup sur le timbre de cuivre. Ali parut. Appelez Bertuccio, dit-il.

Au même moment Bertuccio entra.

— Votre Excellence me faisait demander? dit l'intendant.

— Oui, Monsieur, dit le comte. Avez-vous vu les chevaux qui viennent de s'arrêter devant ma porte?

— Certainement, Excellence, ils sont même fort beaux.

— Comment se fait-il, dit Monte-Christo en fronçant le sourcil, quand je vous ai demandé les deux plus beaux chevaux de Paris, qu'il y ait à Paris deux autres chevaux aussi beaux que les miens, et que ces chevaux ne soient pas dans mes écuries?

Au froncement de sourcils et à l'intonation sévère de cette voix, Ali baissa la tête et pâlit.

— Ce n'est pas ta faute, bon Ali, dit en arabe le comte avec une douceur qu'on n'aurait pas cru pouvoir rencontrer ni dans sa voix ni sur son visage, tu ne te connais pas en chevaux anglais, toi.

La sérénité reparut sur les traits d'Ali.

— Monsieur le comte, dit Bertuccio, les chevaux dont vous me parlez n'étaient pas à vendre.

Monte-Christo haussa les épaules.

— Sachez, Monsieur l'intendant, dit-il, que tout est toujours à vendre pour qui sait y mettre le prix.

— M. Danglars les a payé seize mille francs, Monsieur le comte.

— Eh bien! il fallait lui en offrir trente deux mille ; il est banquier, et un banquier ne manque jamais une occasion de doubler son capital.

— Monsieur le comte parle-t-il sérieusement? demanda Bertuccio.

Monte-Christo regarda l'intendant en homme étonné qu'on ose lui faire une question.

— Ce soir, dit-il, j'ai une visite à rendre; je veux que ces deux chevaux soient attelés à ma voiture avec un harnais neuf.

Bertuccio se retira en saluant; près de la porte, il s'arrêta :

— A quelle heure, dit-il, Son Excellence compte-t-elle faire cette visite ?

— A cinq heures, dit Monte-Christo.

— Je ferai observer à Votre Excellence

qu'il est deux heures, hasarda l'intendant.

— Je le sais, se contenta de répondre Monte-Christo ; puis se retournant vers Ali :

— Faites passer tous les chevaux devant Madame, dit-il, qu'elle choisisse l'attelage qui lui conviendra le mieux, et qu'elle me fasse dire si elle veut dîner avec moi : dans ce cas on servira chez elle, allez ; en descendant, vous m'enverrez le valet de chambre.

Ali venait de disparaître à peine, que le valet de chambre entra à son tour.

— Monsieur Baptistin, dit le comte, depuis un an vous êtes à mon service ; c'est le temps d'épreuve que j'impose d'ordinaire à mes gens ; vous me convenez.

Baptistin s'inclina.

— Reste à savoir si je vous conviens.

— Oh ! Monsieur le Comte ! se hâta de dire Baptistin.

— Écoutez jusqu'au bout, reprit le comte. Vous gagnez par an quinze cents francs, c'est-à-dire les appointements d'un bon et brave officier qui risque tous les jours sa vie ; vous avez une table telle que beaucoup de chefs de bureau, malheureux serviteurs infiniment plus occupés que vous, en désireraient une pareille. Domestique, vous avez vous-même des domestiques qui ont soin de votre linge et de vos effets. Outre vos quinze cents francs de gage, vous me volez sur les achats que vous faites pour ma toilette, à peu près quinze cents autres francs par an.

— Oh ! Excellence.

— Je ne m'en plains pas, monsieur Baptistin, c'est raisonnable ; cependant je désire que cela s'arrête là. Vous ne retrouveriez donc nul part un poste pareil à celui que votre bonne fortune vous a donné. Je ne bats jamais mes gens, je ne jure jamais, je ne me mets jamais en colère, je pardonne toujours une erreur, jamais une négligence ou un oubli. Mes ordres sont d'ordinaire courts, mais clairs et précis ; j'aime mieux les répéter à deux fois et même à trois, que de les voir mal interprétés.

Je suis assez riche pour savoir tout ce que je veux savoir, et je suis fort curieux, je vous en préviens. Si j'apprenais donc que vous ayez parlé de moi en bien ou en mal, commenté mes actions, surveillé ma conduite, vous sortiriez de chez moi à l'instant même. Je n'avertis jamais mes domestiques qu'une seule fois, vous voilà averti, allez !

Baptistin s'inclina et fit trois ou quatre pas pour se retirer.

— A propos, reprit le comte, j'oubliais de vous dire que, chaque année, je place une certaine somme sur la tête de mes gens. Ceux que je renvoie perdent nécessairement cet argent, qui profite à ceux qui restent et qui y auront droit après ma mort. Voilà un an que vous êtes chez moi; votre fortune est commencée, continuez-la.

Cette allocution, faite devant Ali qui demeurait impassible, attendu qu'il n'entendait pas un mot de français, produisit sur M. Baptistin un effet que comprendront tous ceux qui ont quelque peu étudié la physiologie du domestique français.

— Je tâcherai de me conformer en tous points aux désirs de Votre Excellence, dit-il; d'ailleurs je me modèlerai sur M. Ali.

— Oh! pas du tout, dit le comte avec une froideur de marbre. Ali a beaucoup de défauts mêlés à ses qualités; ne prenez donc pas exemple sur lui, car Ali est une exception; il n'a pas de gages, ce n'est pas un domestique ; c'est mon esclave, c'est mon chien ; s'il manquait à son devoir, je ne le chasserais pas, lui, je le tuerais.

Baptistin ouvrit de grands yeux.

— Vous doutez? dit Monte-Cristo.

Et il répéta en arabe à Ali les mêmes paroles qu'il venait de dire en français à Baptistin.

Ali écouta, sourit, s'approcha de son maître, mit un genou en terre, et lui baisa respectueusement la main.

Ce petit corollaire de la leçon mit le comble à la stupéfaction de M. Baptistin.

Le comte fit signe à Baptistin de sortir et à Ali de le suivre. Tous deux passèrent dans son cabinet, et là ils causèrent longtemps.

A cinq heures, le comte frappa trois coups sur son timbre. Un coup appelait Ali, deux coups Baptistin, trois coups Bertuccio.

L'intendant entra.

— Mes chevaux! dit Monte-Christo.

— Ils sont à la voiture, Excellence, répliqua Bertuccio. Accompagnerai-je M. le Comte?

— Non, le cocher, Baptistin et Ali, voilà tout.

Le comte descendit et vit, attelés à sa voiture, les chevaux qu'il avait admirés le matin à la voiture de Danglars.

En passant près d'eux il leur jeta un coup d'œil.

— Ils sont beaux en effet, dit-il, et vous avez bien fait de les acheter; seulement c'était un peu tard.

— Excellence, dit Bertuccio, j'ai eu bien de la peine à les avoir, et ils ont coûté bien cher.

— Les chevaux en sont-ils moins beaux? demanda le comte en haussant les épaules.

— Si votre Excellence est satisfaite,

dit Bertuccio, tout est bien. Où va votre Excellence?

— Rue de la Chaussée-d'Antin, chez M. le baron Danglars.

Cette conversation se passait sur le haut du perron. Bertuccio fit un pas pour descendre la première marche.

— Attendez, Monsieur, dit Monte-Christo en l'arrêtant. J'ai besoin d'une terre sur les bords de la mer, en Normandie, par exemple, entre le Hâvre et Boulogne. Je vous donne de l'espace, comme vous voyez. Il faudrait que, dans cette acquisition, il y eût un petit port, une petite crique, une petite baie, où puisse entrer et se tenir ma corvette; elle ne tire que quinze pieds d'eau. Le bâtiment sera toujours prêt à mettre à la mer à quelque heure du jour ou de la nuit qu'il me plaise de lui donner le signal. Vous vous informerez chez tous les notaires d'une propriété dans les conditions que je vous explique; quand vous en aurez connaissance, vous irez la visiter, et si vous êtes content, vous l'achèterez en votre nom. La corvette doit être en route pour Fécamp, n'est-ce pas?

— Le soir même où nous avons quitté Marseille, je l'ai vue mettre à la mer.

— Et le yacht?

— Le yacht a ordre de demeurer aux Martigues.

— Bien! vous correspondrez de temps

en temps avec les deux patrons qui le commandent, afin qu'ils ne s'endorment pas.

— Et pour le bateau à vapeur....

— Qui est à Châlons?

— Oui.

— Mêmes ordres que pour les deux navires à voile.

— Bien !

— Aussitôt cette propriété achetée, j'aurai des relais de dix lieues en dix lieues sur la route du Nord et sur la route du Midi.

— Votre Excellence peut compter sur moi.

Le comte fit un signe de satisfaction, descendit les degrés, sauta dans sa voiture, qui, entraînée au trot du magnifique attelage, ne s'arrêta que devant l'hôtel du banquier.

Danglars présidait une commission nommée pour un chemin de fer, lorsqu'on vint lui annoncer la visite du comte de Monte-Christo. La séance, au reste, était presque finie.

Au nom du comte, il se leva.

— Messieurs, dit-il, en s'adressant à ses collègues, dont plusieurs étaient des honorables membres de l'une ou l'autre

Chambre, pardonnez-moi si je vous quitte ainsi, mais imaginez-vous que la maison Thomson et French, de Rome, m'adresse un certain comte de Monte-Christo, en lui ouvrant chez moi un crédit illimité. C'est la plaisanterie la plus drôle que mes correspondants de l'étranger se soient encore permise vis-à-vis de moi. Ma foi, vous le comprenez, la curiosité m'a saisi et me tient encore; je suis passé ce matin chez le prétendu comte. Si c'était un vrai comte, vous comprenez qu'il ne serait pas si riche. Monsieur n'était pas visible. Que vous en semble? ne sont-ce point des façons d'altesse ou de jolie femme que se donne là maître Monte-Christo? Au reste, la maison située aux Champs-Élysées, et qui est à lui, je m'en suis informé, m'a paru propre. Mais un crédit illimité, reprit Danglars en riant de son vilain sourire, rend bien exigeant le banquier chez qui le crédit est ouvert. J'ai donc hâte de voir notre homme. Je me crois mystifié. Mais ils ne savent point là-bas à qui ils ont affaire ; rira bien qui rira le dernier.

En achevant ces mots et en leur donnant une emphase qui gonfla les narines de M. le Baron, celui-ci quitta ses hôtes et passa dans un salon blanc et or qui faisait grand bruit dans la Chaussée-d'Antin.

C'est là qu'il avait ordonné d'introduire le visiteur pour l'éblouir du premier coup.

Le comte était debout, considérant quelques copies de l'Albane et du Fattore qu'on avait fait passer au banquier pour des originaux, et qui, toutes copies qu'elles étaient, juraient fort avec les chicorées d'or de toutes couleurs qui garnissaient les plafonds.

Au bruit que fit Danglars en entrant, le comte se retourna.

Danglars salua légèrement de la tête, et fit signe au comte de s'asseoir dans un fauteuil de bois doré garni de satin blanc broché d'or.

Le comte s'assit.

— C'est à monsieur de Monte-Christo que j'ai l'honneur de parler ?

— Et moi, répondit le comte, à monsieur le baron Danglars, chevalier de la

Légion-d'Honneur, membre de la Chambre des Députés ?

Monte-Christo redisait tous les titres qu'il avait trouvés sur la carte du baron

Danglars sentit la botte et se mordit les lèvres.

— Excusez-moi, Monsieur, dit-il, de ne pas vous avoir donné du premier coup le titre sous lequel vous m'avez été annoncé; mais, vous le savez, nous vivons sous un gouvernement populaire, et moi je suis un représentant des intérêts du peuple.

— De sorte, répondit Monte-Christo, que, tout en conservant l'habitude de vous faire appeler baron, vous avez perdu celle d'appeler les autres comte.

— Ah ! je n'y tiens pas même pour moi, Monsieur, répondit négligemment Danglars, ils m'ont nommé baron et fait chevalier de la Légion-d'Honneur pour quelques services rendus; mais...

— Mais vous avez abdiqué vos titres, comme ont fait autrefois MM. de Montmorency et de Lafayette? C'était un bel exemple à suivre, Monsieur.

— Pas tout à fait cependant, reprit Danglars embarrassé ; pour les domestiques, vous comprenez...

— Oui, vous vous appelez monseigneur pour vos gens ; pour les journalistes, vous vous appelez monsieur ; et pour vos commettants, citoyen. Ce sont des nuances très-applicables au gouvernement constitutionnel. Je comprends parfaitement.

Danglars se pinça les lèvres; il vit que sur ce terrain-là, il n'était pas de force avec Monte-Christo, il essaya donc de revenir sur un terrain qui lui était plus familier.

— Monsieur le Comte, dit-il en s'inclinant, j'ai reçu une lettre d'avis de la maison Thomson et French.

— J'en suis charmé, monsieur le Baron. Permettez-moi de vous traiter comme vous traitent vos gens; c'est une mauvaise habitude prise dans des pays où il y a encore des barons, justement parce qu'on n'en fait plus. — J'en suis charmé, dis-je; je n'aurai pas besoin de me présenter moi-même, ce qui est toujours assez embarrassant. Vous aviez donc, disiez-vous, reçu une lettre d'avis ?

— Oui, répondit Danglars; mais je vous avoue que je n'en ai pas parfaitement compris le sens.

— Bah !

— Et j'avais même eu l'honneur de passer chez vous pour vous demander quelques explications.

— Faites, Monsieur, me voilà, j'écoute et suis prêt à vous entendre.

— Cette lettre, reprit Danglars, je l'ai sur moi, je crois. (Il fouilla dans sa poche.) Oui, la voici; cette lettre ouvre à

M. le comte de Monte-Christo un crédit illimité sur ma maison.

— Eh bien! monsieur le Baron, que voyez-vous d'obscur là-dedans?

— Rien, Monsieur; seulement le mot *illimité*....

— Eh bien! ce mot-là n'est-il pas français?... Vous comprenez, ce sont des Anglo-Allemands qui écrivent.

— Oh! si fait, Monsieur, et du côté de la syntaxe il n'y a rien à redire, mais il n'en est pas de même du côté de la comptabilité.

— Est-ce que la maison Thomson et French, demanda Monte-Christo de l'air le plus naïf qu'il put prendre, n'est point parfaitement sûre, à votre avis, monsieur le Baron ? Diable ! cela me contrarierait, car j'ai quelques fonds de placés chez elle.

— Ah ! parfaitement sûre, répondit Danglars avec un sourire presque railleur ; mais le sens du mot *illimité*, en matière de finances, est tellement vague.

— Qu'il est illimité, n'est-ce pas ? dit Monte-Christo.

— C'est justement cela, Monsieur, que je voulais dire. Or, le vague, c'est le doute, et, dit le sage, dans le doute, abstiens-toi.

— Ce qui signifie, reprit Monte-

Christo, que si la maison Thomson et French est disposée à faire des folies, la maison Danglars ne l'est pas à suivre son exemple.

— Comment cela, monsieur le Comte ?

— Oui, sans doute, MM. Thomson et French font les affaires sans chiffres, mais M. Danglars a une limite aux siennes ; c'est un homme sage, comme il le disait tout-à-l'heure.

— Monsieur ! répondit orgueilleusement le banquier, personne n'a encore compté avec ma caisse.

— Alors, répondit froidement Monte-Christo, il paraît que c'est moi qui commencerai.

— Qui vous dit cela?

— Les explications que vous me demandez, Monsieur, et qui ressemblent fort à des hésitations...

Danglars se mordit les lèvres ; c'était la seconde fois qu'il était battu par cet homme, et cette fois sur un terrain qui était le sien. Sa politesse railleuse n'était qu'affectée, et touchait à cet extrême si voisin qui est l'impertinence.

Monte-Christo, au contraire, souriait de la meilleure grâce du monde, et possédait, quand il le voulait, un certain air naïf qui lui donnait bien des avantages.

— Enfin, Monsieur, dit Danglars après un moment de silence, je vais essayer de me faire comprendre en vous priant de fixer vous-même la somme que vous comptez toucher chez moi.

— Mais, Monsieur, reprit Monte-Christo, décidé à ne pas perdre un pouce de terrain dans la discussion, si j'ai demandé un crédit illimité sur vous, c'est que je ne savais justement pas de quelles sommes j'avais besoin.

Le banquier crut que le moment était venu enfin de prendre le dessus; il se renversa dans son fauteuil, et avec un lourd et orgueilleux sourire

— Oh! Monsieur, dit-il, ne craignez pas de désirer, vous pourrez vous convaincre alors que le chiffre de la maison Danglars, tout limité qu'il soit, peut satisfaire les plus larges exigences, et dussiez-vous demander un million...

— Plaît-il ? fit Monte-Christo.

— Je dis un million, répéta Danglars avec l'aplomb de la sottise.

— Et que ferais-je d'un million? dit le comte. Bon Dieu! Monsieur, s'il ne m'eût fallu qu'un million, je ne me serais pas fait ouvrir chez vous un crédit pour une pareille misère. Un million! mais j'ai toujours un million dans mon portefeuille ou dans mon nécessaire de voyage.

Et Monte-Christo retira d'un petit carnet où étaient ses cartes de visites, deux bons de cinq cent mille francs chacun, payables au porteur, sur le Trésor.

Il fallait assommer et non piquer un homme comme Danglars. Le coup de massue fit son effet, le banquier chancela et eut le vertige ; il ouvrit sur Monte-Christo deux yeux hébétés dont la prunelle se dilata effroyablement.

— Voyons, avouez-moi, dit Monte-Christo, que vous vous défiez de la maison Thomson et French ? Mon Dieu, c'est tout simple ! j'ai prévu le cas, et quoique assez étranger aux affaires, j'ai pris mes précautions. Voici donc deux autres lettres pareilles à celle qui vous est adressée : l'une est de la maison Arestein et Eskoles de Vienne sur M. le baron de Rothschild, l'autre est de la maison Baring de Londres sur M. Laffitte. Dites un mot, Monsieur, et je vous ôterai toute préoccupation en me présentant dans l'une ou dans l'autre de ces deux maisons.

C'en était fait, Danglars était vaincu ; il ouvrit avec un tremblement visible la lettre d'Allemagne et la lettre de Londres que lui tendait du bout des doigts le comte, vérifia l'authenticité des signatures avec une minutie qui eût été insultante pour Monte-Christo, s'il n'eût pas fait la part de cet égarement du banquier.

— Oh! Monsieur, voilà trois signatures qui valent bien des millions, dit Danglars en se levant comme pour saluer la puissance de l'or personnifié en cet homme qu'il avait devant lui. Trois crédits illimités sur nos trois maisons! Pardonnez-moi, monsieur le Comte ; mais tout en cessant d'être défiant, on peut demeurer encore étonné.

— Oh ! ce n'est pas une maison comme la vôtre qui s'étonnerait ainsi ! dit Monte-Christo avec toute sa politesse ; ainsi vous pourrez donc m'envoyer quelque argent, n'est-ce pas ?

— Parlez, monsieur le Comte ; je suis à vos ordres.

— Eh bien ! reprit Monte-Christo, à présent que nous nous entendons, car nous nous entendons, n'est-ce pas ?

Danglars fit un signe de tête affirmatif.

— Et vous n'avez plus aucune défiance ? continua Monte-Christo ?

— Oh ! monsieur le Comte, s'écria le banquier, je n'en ai jamais eu.

— Non; vous désiriez une preuve, voilà tout. Eh bien! répéta le comte, maintenant que nous nous entendons, maintenant que vous n'avez plus aucune défiance, fixons, si vous le voulez bien, une somme générale pour la première année, six millions par exemple.

— Six millions, soit! dit Danglars suffoqué.

— S'il me faut plus, reprit nonchalamment Monte-Christo, nous mettrons plus; mais je ne compte rester qu'une année en France, et pendant cette année, je ne crois pas dépasser ce chiffre... enfin nous verrons... Veuillez, pour commencer, me faire porter cinq cent mille francs demain, je serai chez moi jusqu'à midi; et d'ailleurs, si je n'y étais pas, je laisserais un reçu à mon intendant.

— L'argent sera chez vous demain à dix heures du matin, monsieur le Comte, répondit Danglars. Voulez-vous de l'or, des billets de banque ou de l'argent?

— Or et billets par moitié, s'il vous plaît.

Et le comte se leva.

— Je dois vous confesser une chose, monsieur le Comte, dit Danglars à son tour; je croyais avoir des notions exactes sur toutes les belles fortunes de l'Europe, et cependant la vôtre, qui me paraît considérable, m'était, je l'avoue, tout-à-fait inconnue; elle est récente?

— Non, Monsieur, répondit Monte-Christo, elle est au contraire de fort vieille date : c'était une espèce de trésor de famille auquel il était défendu de toucher, et dont les intérêts accumulés ont triplé le capital ; l'époque fixée par le testateur est révolue depuis quelques années seulement, ce n'est donc que depuis quelques années que j'en use, et votre ignorance à ce sujet n'a rien que de naturel ; au reste, vous la connaîtrez mieux dans quelque temps.

Et le comte accompagna ces mots d'un de ces sourires pâles qui faisaient si grand'peur à Franz d'Epinay.

— Avec vos goûts et vos intentions, Monsieur, continua Danglars, vous allez déployer dans la capitale un luxe qui va nous écraser tous, nous autres pauvres petits millionnaires ; cependant, comme vous me paraissez amateur, car lorsque je suis entré vous regardiez mes tableaux, je vous demande la permission de vous faire voir ma galerie ; tous tableaux anciens, tous tableaux de maîtres, garantis comme tels, je n'aime pas les modernes.

— Vous avez raison, Monsieur, car ils ont en général un grand défaut, c'est celui de n'avoir pas encore eu le temps de devenir des anciens.

Puis-je vous montrer quelques statues de Thorwaldsen, de Bartoloni, de Canova, tous artistes étrangers ? Comme vous voyez, je n'apprécie pas les artistes français.

— Vous avez le droit d'être injuste

avec eux, Monsieur, ce sont vos compatriotes.

— Mais tout cela sera pour plus tard, quand nous aurons fait meilleure connaissance; pour aujourd'hui je me contenterai, si vous le permettez toutefois, de vous présenter à madame la baronne Danglars; excusez mon empressement, monsieur le Comte, mais un client comme vous fait presque partie de la famille.

Monte-Christo s'inclina en signe qu'il acceptait l'honneur que le financier voulait bien lui faire.

Danglars sonna; un laquais, vêtu d'une livrée éclatante, parut.

— Madame la baronne est-elle chez elle? demanda Danglars.

— Oui, monsieur le Baron, répondit le laquais.

— Seule ?

— Non, Madame a du monde.

— Ce ne sera pas indiscret de vous présenter devant quelqu'un, n'est-ce pas, monsieur le Comte ? vous ne gardez pas l'incognito ?

— Non, monsieur le Baron, dit en souriant Monte-Christo, je ne me reconnais pas ce droit-là.

— Et qui est près de madame ? Monsieur Debray ? demanda Danglars avec une bonhomie qui fit sourire intérieurement Monte-Christo, déjà renseigné sur les transparents secrets d'intérieur du financier.

— M. Debray, oui, monsieur le Baron, répondit le laquais.

Danglars fit un signe de la tête.

Puis se tournant vers Monte-Christo :

— Monsieur Lucien Debray, dit-il, est un ancien ami à nous, secrétaire intime du ministre de l'intérieur; quant à ma femme, elle a dérogé en m'épousant, car elle appartient à une ancienne famille : c'est une demoiselle de Servières, veuve en premières noces de M. le colonel marquis de Nargonne.

— Je n'ai pas l'honneur de connaître

madame la baronne Danglars; mais j'ai déjà rencontré M. Lucien Debray.

— Bah! dit Danglars, où donc cela?

— Chez M. de Morcerf.

— Ah! vous connaissez le petit vicomte? dit Danglars.

— Nous nous sommes trouvés ensemble à Rome à l'époque du carnaval.

— Ah! oui, dit Danglars, n'ai-je pas entendu parler de quelque chose comme une aventure singulière avec des bandits, des voleurs dans des ruines! il a été tiré de là miraculeusement. Je crois qu'il a raconté quelque chose de tout cela à ma femme et à ma fille à son retour d'Italie.

— Madame la baronne attend ces messieurs, revint dire le laquais.

Je passe devant pour vous montrer le chemin, fit Danglars en saluant.

— Et moi, je vous suis, dit Monte-Christo.

— Médecine la nommé étaient des mé-
cens, réfléchit-il le loquela.

Je peux (leeent peut vous montrer le
manège, dit Des jinés en attendant.

— Et moi, je vous suis, dit Monte-
Cristo.

CHAPITRE IV.

L'ATTELAGE GRIS-POMMELÉ.

Le baron, suivi du comte, traversa une longue file d'appartements remarquables par leur lourde somptuosité et leur fastueux mauvais goût, et arriva jusqu'au boudoir de Madame Danglars, petite pièce octogone tendue de satin rose recouvert de mousseline des Indes ; les fauteuils étaient en vieux bois doré et en vieilles étoffes ; les dessus des portes représentaient des bergeries dans le genre de Boucher ; enfin deux jolis pastels en médaillon, en harmonie avec le reste de l'ameublement, faisaient de cette petite chambre la seule pièce de l'hôtel qui eût quelque caractère ; il est vrai qu'elle avait échappé au plan général arrêté entre M. Danglars et son architecte, une des plus hautes et des plus éminentes célébrités de l'Empire, et que c'étaient la baronne et Lucien Debray seulement qui s'en étaient réservé la décoration. Aussi, M. Danglars, grand admirateur de l'antique à la manière dont le comprenait le Directoire, méprisait-il fort ce coquet petit réduit, où, au reste, il n'était admis en général qu'à la condition qu'il ferait excuser sa présence en amenant quelqu'un ; ce n'était donc pas en réalité Danglars qui présentait, c'était au contraire lui qui était présenté, et qui était bien ou mal reçu selon que le visage du visiteur était agréable ou désagréable à la baronne.

Madame Danglars, dont la beauté pouvait encore être citée, malgré ses trente-six ans, était à son piano, petit chef-d'œuvre de marquetterie, tandis que Lucien Debray, assis devant une table à ouvrage, feuilletait un album.

Lucien avait déjà, avant son arrivée, eu le temps de raconter à la baronne bien des choses relatives au comte. On sait combien, pendant le déjeuner chez Albert, Monte-Christo avait fait impression sur ses convives ; cette impression, si peu impressionnable qu'il fût, n'était pas encore effacée chez Debray, et les renseignements qu'il avait donnés à la baronne sur le comte s'en étaient ressentis. La curiosité de Madame Danglars, excitée par les anciens détails venus de Morcerf et les nouveaux détails venus de Lucien, était donc portée à son comble. Aussi cet arrangement de piano et d'album n'était qu'une de ces petites ruses du monde à l'aide desquelles on voile les plus fortes préoccupations. La baronne reçut en conséquence M. Danglars avec un sourire, ce qui de sa part n'était pas chose habituelle. Quant au comte, il eut en échange de son salut une cérémonieuse, mais en même temps gracieuse révérence.

Lucien, de son côté, échangea avec

le comte un salut de demi-connaissance, et avec Danglars un geste d'intimité.

— Madame la baronne, dit Danglars, permettez que je vous présente M. le comte de Monte-Christo, qui m'est adressé par mes correspondants de Rome avec les recommandations les plus instantes; je n'ai qu'un mot à en dire et qui va en un instant le rendre la coqueluche de toutes nos belles dames; il vient à Paris avec l'intention d'y rester un an et de dépenser six millions pendant cette année; cela promet une série de bals, de dîners, de médianoches, dans lesquels j'espère que monsieur le Comte ne nous oubliera pas plus que nous ne l'oublierons nous-mêmes dans nos petites fêtes.

Quoique la présentation fût assez grossièrement louangeuse, c'est, en général, une chose si rare qu'un homme venant à Paris pour dépenser en une année la fortune d'un prince, que madame Danglars jeta sur le comte un coup d'œil qui n'était pas dépourvu d'un certain intérêt.

— Et vous êtes arrivé, Monsieur?.... demanda la baronne.

— Depuis hier matin, Madame.

— Et vous venez, selon votre habitude, à ce qu'on m'a dit, du bout du monde.

— De Cadix cette fois, Madame, purement et simplement.

—Oh! vous arrivez dans une affreuse

saison ; Paris est détestable l'été ; il n'y a plus ni bals, ni réunions, ni fêtes. L'Opéra italien est à Londres, l'Opéra français est partout, excepté à Paris ; et quant au Théâtre-Français, vous savez qu'il n'est plus nulle part. Il nous reste donc pour toute distraction quelques malheureuses courses au Champ-de-Mars et à Satory. Ferez-vous courir, monsieur le Comte ?

— Moi, Madame, dit Monte-Christo, je ferai tout ce qu'on fait à Paris, si j'ai le bonheur de trouver quelqu'un qui me renseigne convenablement sur les habitudes françaises.

— Vous êtes amateur de chevaux, monsieur le Comte ?

— J'ai passé une partie de ma vie en

Orient, Madame, et les Orientaux, vous le savez, n'estiment que deux choses au monde, la noblesse des chevaux et la beauté des femmes.

— Ah! monsieur le Comte, dit la baronne, vous auriez dû avoir la galanterie de mettre les femmes les premières.

— Vous voyez, Madame, que j'avais bien raison quand tout-à-l'heure je souhaitais un précepteur qui pût me guider dans les habitudes françaises.

En ce moment la camérière favorite de madame la baronne Danglars entra, et, s'approchant de sa maîtresse, lui glissa quelques mots à l'oreille.

Madame Danglars pâlit.

— Impossible! dit-elle.

— C'est l'exacte vérité cependant, Madame, répondit la camérière.

Madame Danglars se retourna du côté de son mari.

— Est-ce vrai, Monsieur? demanda la baronne.

— Quoi! Madame? demanda Danglars visiblement agité.

— Ce que me dit cette fille...

— Et que vous dit-elle?

— Elle me dit qu'au moment où mon cocher a été pour mettre mes chevaux à ma voiture, il ne les a plus trouvés à l'écurie ; que signifie cela, je vous le demande ?

— Madame, dit Danglars, écoutez-moi.

— Oh! je vous écoute, Monsieur, car je suis curieuse de savoir ce que vous allez me dire ; je ferai ces messieurs juges entre nous, et je vais commencer par leur dire ce qu'il en est : Messieurs, continua la baronne, M. le baron Danglars a dix chevaux à l'écurie ; parmi ces dix chevaux, il y en a deux qui sont à moi, des chevaux charmants, les plus beaux chevaux de Paris ; vous les connaissez, monsieur Debray, mes gris-pommelé. Eh bien ! au moment où madame de Villefort m'emprunte ma voiture, où je la lui promets pour aller demain au bois, voilà les deux chevaux qui ne se retrouvent plus. M. Danglars aura trouvé à gagner dessus quelques milliers de francs, et il les aura vendus. Oh! la vilaine race, mon Dieu! que celle des spéculateurs!

— Madame, répondit Danglars, les chevaux étaient trop vifs, ils avaient quatre ans à peine, ils me faisaient pour vous des peurs horribles.

— Eh! Monsieur, dit la baronne, vous savez bien que j'ai depuis un mois à mon service le meilleur cocher de Paris, à moins toutefois que vous ne l'ayez vendu avec les chevaux.

— Chère amie, je vous trouverai les pareils, de plus beaux même, s'il y en a, mais des chevaux doux, calmes, et qui ne m'inspirent plus pareille terreur.

La baronne haussa les épaules avec un air de profond mépris.

Danglars ne parut pas s'apercevoir de ce geste plus que conjugal, et, se retournant vers Monte-Christo :

— En vérité, je regrette de ne pas vous avoir connu plus tôt, monsieur le Comte, dit-il ; vous montez votre maison ?

— Mais oui, dit le comte.

— Je vous les eusse proposés. Imaginez-vous que je les ai donnés pour rien ; mais, comme je vous l'ai dit, je voulais m'en défaire : ce sont des chevaux de jeune homme.

— Monsieur, dit le comte, je vous remercie ; j'en ai acheté ce matin, d'assez bons et pas trop cher. Tenez, voyez, monsieur Debray, vous êtes amateur, je crois ?

Pendant que Debray s'approchait de la fenêtre, Danglars s'approcha de sa femme.

— Imaginez-vous, Madame, lui dit-il tout bas, qu'on est venu m'offrir un prix exorbitant de ces chevaux. Je ne sais pas quel est le fou en train de se ruiner qui m'a envoyé ce matin son intendant, mais le fait est que j'ai gagné seize mille francs dessus ; ne me boudez pas et je vous en donnerai quatre mille, et deux mille à Eugénie.

Madame Danglars laissa tomber sur son mari un regard écrasant.

— Oh ! mon Dieu ! s'écria Debray.

— Quoi donc ? demanda la baronne.

— Mais je ne me trompe pas, ce sont vos chevaux, vos propres chevaux attelés à la voiture du comte.

— Mes gris-pommelé ! s'écria madame Danglars.

Et elle s'élança vers la fenêtre.

— En effet ce sont eux, dit-elle.

Danglars était stupéfait.

— Est-ce possible ? dit Monte-Christo, en jouant l'étonnement.

— C'est incroyable ! murmura le banquier.

La baronne dit deux mots à l'oreille de Debray, qui s'approcha à son tour de Monte-Christo.

— La baronne vous fait demander combien son mari vous a vendu son attelage.

— Mais je ne sais trop, dit le comte, c'est une surprise que mon intendant m'a faite et... et qui m'a coûté trente mille francs, je crois.

Debray alla reporter la réponse à la baronne.

Danglars était si pâle et si décontenancé, que le comte eut l'air de le prendre en pitié.

— Voyez, lui dit-il, combien les femmes sont ingrates : cette prévenance de votre part n'a pas touché un instant la baronne ; ingrate n'est pas le mot, c'est folle que je devrais dire. Mais que voulez-vous, on aime toujours ce qui nuit ; aussi le plus court, croyez-moi, cher Baron, est toujours de les laisser faire à leur tête ; si elles se la brisent, au moins, ma foi ! elles ne peuvent s'en prendre qu'à elles.

Danglars ne répondit rien, il prévoyait dans un prochain avenir une scène désastreuse ; déjà le sourcil de madame la Baronne s'était froncé, et, comme celui du Jupiter Olympien, présageait un orage ;

Debray, qui le sentait grossir, prétexta une affaire et partit. Monte-Christo, qui ne voulait pas gâter la position qu'il comptait conquérir en demeurant plus longtemps, salua madame Danglars et se retira, livrant le baron à la colère de sa femme.

— Bon! pensa Monte-Christo en se retirant, j'en suis arrivé où j'en voulais venir; voilà que je tiens dans mes mains la paix du ménage et que je vais gagner d'un seul coup le cœur de monsieur et le cœur de madame; quel bonheur! Mais, ajouta-t-il, dans tout cela, je n'ai point été présenté à mademoiselle Eugénie Danglars, que j'eusse été cependant fort aise de connaître.

— Mais, reprit-il avec ce sourire qui

lui était particulier, nous voici à Paris et nous avons du temps devant nous... Ce sera pour plus tard!...

Sur cette réflexion, le comte monta en voiture et rentra chez lui.

Deux heures après, madame Danglars reçut une lettre charmante du comte de Monte-Christo, dans laquelle il lui déclarait que, ne voulant pas commencer ses débuts dans le monde parisien en désespérant une jolie femme, il la suppliait de reprendre ses chevaux. Ils avaient le même harnais qu'elle leur avait vu le matin, seulement, au centre de chaque rosette qu'ils portaient sur l'oreille, le comte avait fait coudre un diamant.

Danglars aussi eut sa lettre. Le comte

lui demandait la permission de passer à la baronne ce caprice de millionnaire, le priant d'excuser les façons orientales dont le renvoi des chevaux était accompagné. Pendant la soirée, Monte-Christo partit pour Auteuil, accompagné d'Ali.

Le lendemain, vers trois heures, Ali, appelé par un coup du timbre, entra dans le cabinet du comte.

— Ali, lui dit-il, tu m'as souvent parlé de ton adresse à lancer le lasso?

Ali fit signe que oui, et se redressa fièrement.

— Bien!... Ainsi, avec le lasso tu arrêterais un bœuf?

Ali fit signe de la tête que oui.

— Un tigre?

Ali fit le même signe.

— Un lion?

Ali fit le geste d'un homme qui lance le lasso, et imita un rugissement étranglé.

— Bien! je comprends, dit Monte-Christo, tu as chassé le lion.

Ali fit un signe de tête orgueilleux.

— Mais arrêterais-tu dans leur course deux chevaux emportés?

Ali sourit.

— Eh bien! écoute, dit Monte-Christo;

tout-à-l'heure une voiture passera emportée par deux chevaux gris-pommelé, les mêmes que j'avais hier. Dusses-tu te faire écraser, il faut que tu arrêtes cette voiture devant ma porte.

Ali descendit dans la rue, et traça devant la porte une ligne sur le pavé ; puis il rentra, et montra la ligne au comte, qui l'avait suivi des yeux.

Le comte lui frappa doucement sur l'épaule, c'était sa manière de remercier Ali ; puis le Nubien alla fumer sa chibouck sur la borne qui formait l'angle de la maison et de la rue, tandis que Monte-Christo rentrait sans plus s'occuper de rien.

Cependant vers cinq heures, c'est-à-dire à l'heure où le comte attendait la voiture, on eût pu voir naître en lui les signes presque imperceptibles d'une légère impatience : il se promenait dans une chambre donnant sur la rue, prêtant l'oreille par intervalles, et de temps en temps se rapprochant de la fenêtre par laquelle il apercevait Ali poussant des bouffées de fumée avec une régularité indiquant que le Nubien était tout entier à cette importante occupation.

Tout-à-coup on entendit un roulement lointain, mais qui se rapprochait avec la rapidité de la foudre, puis une calèche apparut dont le cocher essayait inutilement de retenir les chevaux qui s'avançaient furieux, hérissés, bondissant avec des élans insensés.

Dans la calèche, une jeune femme et un enfant de sept à huit ans, se tenant embrassés, avaient perdu par l'excès de la terreur jusqu'à la force de pousser un cri; il eût suffi d'une pierre sous la roue ou d'un arbre accroché pour briser tout-à-fait la voiture qui craquait. La voiture tenait le milieu du pavé, et on entendait dans la rue les cris de terreur de ceux qui la voyaient venir.

Soudain Ali pose sa chibouck, tire de sa poche le lacet, le lance, enveloppe d'un triple tour les jambes de devant du cheval de gauche, se laisse entraîner trois ou quatre pas par la violence de l'impulsion, mais au bout de ces trois ou quatre pas le cheval enchaîné s'abat, tombe sur la flèche qu'il brise et paralyse les efforts que fait le cheval resté debout pour continuer sa course ; le cocher saisit cet instant de répit pour sauter en bas de son siège, mais déjà Ali a saisi les naseaux du second cheval avec ses doigts de fer, et l'animal, hennissant de douleur, s'est allongé convulsivement près de son compagnon.

Il a fallu à tout cela le temps qu'il faut à la balle pour frapper le but.

Cependant il a suffi pour que de la maison en face de laquelle l'accident est arrivé, un homme se soit élancé suivi de plusieurs serviteurs ; au moment où le cocher ouvre la portière, il enlève de la calèche la dame, qui d'une main se cramponne au coussin, tandis que de l'autre elle serre contre sa poitrine son fils évanoui. Monte-Christo les emporta tous les deux dans le salon, et, les déposant sur un canapé :

— Ne craignez plus rien, Madame, lui dit-il, vous êtes sauvée.

La femme revint à elle, et pour réponse elle lui présenta son fils avec un regard plus éloquent que toutes les prières.

En effet, l'enfant était toujours évanoui.

— Oui, Madame, je comprends, dit le comte en examinant l'enfant ; mais soyez tranquille, il ne lui est arrivé aucun mal, et c'est la peur seule qui l'a mis dans cet état.

— Oh! Monsieur, s'écria la mère, ne

me dites-vous pas cela pour me rassurer. Voyez comme il est pâle! Mon fils! mon enfant! mon Edouard! réponds donc à ta mère? Ah! Monsieur! envoyez chercher un médecin; ma fortune à qui me rend mon fils!

Monte-Christo fit de la main un geste pour calmer la mère éplorée, et ouvrant un coffret, il en tira un flacon de verre de Bohême incrusté d'or contenant une liqueur rouge comme du sang, et dont il laissa tomber une seule goutte sur les lèvres de l'enfant.

L'enfant, quoique toujours pâle, rouvrit aussitôt les yeux.

A cette vue, la joie de la mère fut presque un délire.

— Où suis-je? s'écria-t-elle, et à qui dois-je tant de bonheur après une si cruelle épreuve?

— Vous êtes, Madame, répondit Monte-Christo, chez l'homme le plus heureux d'avoir pu vous épargner un chagrin.

— Oh! maudite curiosité, dit la dame; tout Paris parlait de ces magnifiques chevaux de madame Danglars, et j'ai eu la folie de vouloir les essayer.

— Comment! s'écria le comte avec une surprise admirablement jouée, ces chevaux sont ceux de la baronne?

— Oui, Monsieur; la connaissez-vous?

— Madame Danglars?... j'ai cet honneur, et ma joie est double de vous voir sauvée du péril que ces chevaux vous ont fait courir; car ce péril, c'est à moi que vous eussiez pu l'attribuer, j'avais acheté hier ces chevaux au baron, mais la baronne a paru tellement les regretter, que je les lui ai renvoyés hier en la priant de les accepter de ma main.

— Mais alors vous êtes donc le comte de Monte-Christo dont Hermine m'a tant parlé hier?

— Oui, Madame, fit le comte.

— Moi, Monsieur, je suis madame Héloïse de Villefort.

Le comte salua en homme devant lequel on prononce un nom parfaitement inconnu.

— Oh! que M. de Villefort sera reconnaissant! reprit Héloïse, car enfin il vous devra notre vie à tous deux, vous lui avez rendu sa femme et son fils; assurément, sans votre généreux serviteur, ce cher enfant et moi nous étions tués.

— Hélas! Madame, je frémis encore du péril que vous avez couru.

— Oh! j'espère que vous me permettrez de récompenser dignement le dévouement de cet homme.

— Madame, répondit Monte-Christo, ne me gâtez pas Ali, je vous prie, ni par des louanges ni par des récompenses : ce sont des habitudes que je ne veux pas qu'il prenne. Ali est mon esclave; en vous sauvant la vie il me sert, et c'est son devoir de me servir.

— Mais il a risqué sa vie ! dit madame de Villefort, à qui ce ton de maître imposait singulièrement.

— J'ai sauvé cette vie, Madame, répondit Monte-Christo ; par conséquent elle m'appartient.

Madame de Villefort se tut : peut-être réfléchissait-elle à cet homme qui, du premier abord, faisait une si profonde impression sur les esprits.

Pendant cet instant de silence, le comte put alors considérer à son aise l'enfant que sa mère couvrait de baisers. Il était petit, grêle, blanc de peau comme les enfants roux, et cependant une forêt de cheveux noirs, rebelles à toute frisure, couvrait son front bombé, et, tombant sur ses épaules en encadrant son visage, redoublait la vivacité de ses yeux pleins de malice sournoise et de juvénile méchanceté; sa bouche, à peine redevenue vermeille, était fine de lèvres et large d'ouverture; les traits de cet enfant de huit ans annonçaient déjà douze ans au moins. Son premier mouvement fut de se débarrasser par une brusque secousse des bras de sa mère, et d'aller ouvrir le coffret d'où le comte avait tiré le flacon d'élixir; puis aussitôt, sans en demander la permission à personne et en enfant habitué à faire tous ses caprices, il se mit à déboucher les fioles.

— Ne touchez pas à cela, mon ami, dit vivement le comte, quelques unes de ces liqueurs sont dangereuses, non seulement à boire, mais même à respirer.

Madame de Villefort pâlit et arrêta le bras de son fils qu'elle ramena vers elle; mais, sa crainte calmée, elle jeta aussitôt sur le coffret un court, mais expressif regard que le comte saisit au passage.

En ce moment Ali entra.

Madame de Villefort fit un mouvement de joie, et ramenant l'enfant plus près d'elle encore :

— Édouard, dit-elle, vois-tu ce bon serviteur : il a été bien courageux, car il a exposé sa vie pour arrêter les chevaux qui nous emportaient et la voiture qui allait se briser. Remercie-le donc, car probablement sans lui, à cette heure, serions-nous morts tous les deux.

L'enfant allongea les lèvres et tourna dédaigneusement la tête.

— Il est trop laid, dit-il.

Le comte sourit comme si l'enfant venait de remplir une de ses espérances; quant à madame de Villefort, elle gourmanda son fils avec une modération qui n'eût certes pas été du goût de Jean-Jacques Rousseau si le petit Édouard se fût appelé Émile.

— Vois-tu, dit en arabe le comte à Ali, cette dame prie son fils de te remercier pour la vie que tu leur as sauvée à tous deux, et l'enfant répond que tu es trop laid.

Ali détourna un instant sa tête intelligente et regarda l'enfant sans expression apparente, mais un simple frémissement de sa narine apprit à Monte-Christo que l'Arabe venait d'être blessé au cœur.

— Monsieur, demanda madame de Villefort en se levant pour se retirer, est-ce votre demeure habituelle que cette maison ?

— Non, Madame, répondit le comte, c'est une espèce de pied-à-terre que j'ai acheté; j'habite avenue des Champs-Élysées, n. 3o. Mais je vois que vous êtes tout-à-fait remise, et que vous désirez vous retirer. Je viens d'ordonner qu'on attelle ces mêmes chevaux à ma voiture; et Ali, ce garçon si laid, dit-il en souriant à l'enfant, va avoir l'honneur de vous reconduire chez vous, tandis que votre cocher restera ici pour faire raccommoder la calèche. Aussitôt cette petite besogne indispensable terminée, un de mes attelages la reconduira directement chez madame Danglars.

— Mais, dit madame de Villefort, avec ces mêmes chevaux, je n'oserai jamais m'en aller.

— Oh! vous allez voir, Madame, dit Monte-Christo; sous la main d'Ali, ils vont devenir doux comme des agneaux.

En effet, Ali s'était approché des chevaux qu'on avait remis sur leurs jambes avec beaucoup de peine. Il tenait à la main une petite éponge imbibée de vinaigre aromatique; il en frotta les naseaux et les tempes des chevaux, couverts de sueur et d'écume, et presque aussitôt ils se mirent à souffler bruyamment et à frissonner de tout leur corps durant quelques secondes.

Puis, au milieu d'une foule nombreuse que les débris de la voiture et le bruit de l'événement avaient attirée devant la maison, Ali fit atteler les chevaux au coupé du comte, rassembla les rênes, monta sur le siége, et, au grand étonnement des assistants qui avaient vu ces chevaux emportés comme par un tourbillon, il fut obligé d'user vigoureusement du fouet pour les faire partir, et encore ne put-il obtenir des fameux gris-pommelé, maintenant stupides, pétrifiés, morts, qu'un trot si mal assuré et si languissant, qu'il fallut près de deux heures à madame de Villefort pour regagner le faubourg Saint-Honoré, où elle demeurait.

A peine arrivée chez elle, et les prémières émotions de famille apaisées, elle écrivit le billet suivant à madame Danglars :

« Chère Hermine,

« Je viens d'être miraculeusement sauvée avec mon fils par ce même comte de Monte-Christo dont nous avons tant parlé hier soir, et que j'étais loin de me douter que je verrais aujourd'hui. Hier vous m'avez parlé de lui avec un enthousiasme que je n'ai pu m'empêcher de railler de toute la force de mon pauvre petit esprit, mais aujourd'hui je trouve cet enthousiasme bien au-dessous de l'homme qui l'inspirait. Vos chevaux s'étaient emportés au Ranelagh comme s'ils eussent été pris de frénésie, et nous allions probablement être mis en morceaux, mon pauvre

Édouard et moi, contre le premier arbre de la route ou la première borne du village, quand un Arabe, un nègre, un Nubien, un homme noir enfin, au service du comte, a, sur un signe de lui, je crois, arrêté l'élan des chevaux, au risque d'être brisé lui-même; et c'est vraiment un miracle qu'il ne l'ait pas été. Alors le comte est accouru, nous a emportés chez lui, Édouard et moi, et là a rappelé mon fils à la vie. C'est dans sa propre voiture que j'ai été ramenée à l'hôtel; la vôtre vous sera renvoyée demain. Vous trouverez vos chevaux bien affaiblis depuis cet accident; ils sont comme hébétés; on dirait qu'ils ne peuvent se pardonner à eux-mêmes de s'être laissé dompter par un homme. Le comte me charge de vous dire que deux jours de repos sur la litière et de l'orge pour toute nourriture les remettront dans un état aussi florissant, ce qui veut dire aussi effrayant qu'ils étaient hier.

« Adieu ! Je ne vous remercie pas de ma promenade ; et quand je réfléchis, c'est cependant de l'ingratitude que de vous garder rancune pour les caprices de votre attelage, car c'est à l'un de ces caprices que je dois d'avoir vu le comte de Monte-Christo, et l'illustre étranger me paraît, à part les millions dont il dispose, un problème si curieux et si intéressant, que je compte l'étudier à tout prix, dussé-je recommencer une promenade au bois avec vos propres chevaux.

« Édouard a supporté l'accident avec un courage miraculeux. Il s'est évanoui, mais il n'a pas poussé un cri auparavant, et n'a pas versé une larme après. Vous me direz encore que mon amour maternel m'aveugle ; mais, il y a une ame de fer dans ce pauvre petit corps si frêle et si délicat.

« Notre chère Valentine dit bien des choses à votre chère Eugénie ; moi je vous embrasse de tout cœur.

« HÉLOÏSE DE VILLEFORT.

« P. S. Faites-moi donc trouver chez vous d'une façon quelconque avec ce comte de Monte-Christo, je veux absolument le revoir. Au reste, je viens d'obtenir de M. de Villefort qu'il lui fasse une visite ; j'espère qu'il la lui rendra. »

Le soir, l'évènement d'Auteuil faisait le sujet de toutes les conversations : Albert le racontait à sa mère, Château-Renaud au Jockey-Club, Debray dans le salon du ministre, Beauchamp lui-même fit au comte la galanterie, dans son journal, d'un *fait-divers* de vingt lignes, qui posa le noble étranger en héros auprès de toutes les femmes de l'aristocratie.

Beaucoup de gens allèrent se faire inscrire chez madame de Villefort afin d'avoir le droit de renouveler leur visite en temps utile, et d'entendre alors de sa bouche tous les détails de cette pittoresque aventure.

Quand à M. de Villefort, comme l'avait dit Héloïse, il prit un habit noir, des gants blancs, sa plus belle livrée, et monta dans son carrosse qui vint, le même soir, s'arrêter à la porte du n° 30 de la maison des Champs-Élysées.

CHAPITRE V.

IDÉOLOGIE.

Si le comte de Monte-Christo eût vécu depuis longtemps dans le monde parisien, il eût apprécié de toute sa valeur la démarche que faisait près de lui M. de Villefort.

Bien en cour, que le roi régnant fût de la branche aînée ou de la branche cadette, que le ministre gouvernant fût doctrinaire, libéral ou conservateur; réputé habile par tous, comme on répute généralement habiles les gens qui n'ont jamais éprouvé d'échecs politiques; haï de beaucoup, mais chaudement protégé par quelques uns sans cependant être aimé de personne, M. de Villefort avait une des hautes positions de la magistrature, et se tenait à cette hauteur comme un Harlay ou comme un Molé. Son salon, régénéré par une jeune femme et par une fille de son premier mariage à peine âgée de dix-huit ans, n'en était pas moins un de ces salons sévères de Paris où on observe le culte des traditions et la religion de l'étiquette. La politesse froide, la fidélité absolue aux principes gouvernementaux, un mépris profond des théories et des théoriciens, la haine profonde des idéologues, tels étaient les éléments de la vie intérieure et publique affichés par M. de Villefort.

M. de Villefort n'était pas seulement un magistrat, c'était presqu'un diplomate. Ses relations avec l'ancienne cour, dont il parlait toujours avec dignité et respect, le faisaient respecter de la nouvelle, et il savait tant de choses que non-seulement on le ménageait toujours, mais encore qu'on le consultait quelquefois. Peut-être n'en eût-il pas été ainsi si l'on eût pu se débarrasser de M. de Villefort ; mais il habitait, comme ces seigneurs féodaux rebelles à leur suzerain, une forteresse inexpugnable. Cette forteresse, c'était sa charge de procureur du roi, dont il exploitait merveilleusement tous les avantages, et qu'il n'eût quittée que pour se faire député et pour remplacer ainsi la neutralité par de l'opposition.

En général, M. de Villefort faisait ou rendait fort peu de visites. Sa femme visitait pour lui, c'était chose reçue dans ce monde où l'on mettait sur le compte des graves et nombreuses occupations du magistrat ce qui n'était en réalité qu'un calcul d'orgueil, qu'une quintessence d'aristocratie, l'application enfin de cet axiome : *Fais semblant de t'estimer, et on t'estimera*, axiome plus utile cent fois dans notre société que celui des Grecs : *Connais-toi toi-même*, remplacé de nos jours par l'art moins difficile et plus avantageux de connaître les autres.

Pour ses amis, M. de Villefort était un

protecteur puissant; pour ses ennemis, c'était un adversaire sourd, mais acharné; pour les indifférents, c'était la statue de la loi faite homme : abord hautain, physionomie impassible, regard terne et dépoli ou insolemment perçant et scrutateur, tel était l'homme dont quatre révolutions habilement entassées l'une sur l'autre avaient d'abord construit, puis cimenté le piédestal.

M. de Villefort avait la réputation d'être l'homme le moins curieux et le moins banal de France; il donnait un bal tous les ans et n'y paraissait qu'un quart d'heure, c'est-à-dire quarante-cinq minutes de moins que ne le fait le roi aux siens; jamais on ne le voyait ni aux théâtres, ni aux concerts, ni dans aucun lieu public; quelquefois, mais rarement, il faisait une partie de whist, et l'on avait soin alors de lui choisir des joueurs dignes de lui : c'était quelque ambassadeur, quelque archevêque, quelque prince, quelque président, ou enfin quelque duchesse douairière.

Voilà quel était l'homme dont la voiture venait de s'arrêter devant la porte du comte de Monte-Christo.

Le valet de chambre annonça M. de Villefort au moment où le comte, incliné sur une grande table, suivait sur une carte un itinéraire de Saint-Pétersbourg en Chine.

Le procureur du roi entra du même pas grave et compassé qu'il entrait au tribunal; c'était bien le même homme, ou plutôt la suite du même homme que nous avons vu autrefois substitut à Marseille. La nature, conséquente avec ses principes, n'avait rien changé pour lui au cours qu'elle devait suivre. De mince, il était devenu maigre; de pâle, il était devenu jaune; ses yeux enfoncés étaient caves, et ses lunettes aux branches d'or, en posant sur l'orbite, semblaient faire maintenant partie de la figure; excepté sa cravate blanche, le reste de son costume était complètement noir; et cette couleur funèbre n'était tranchée que par le léger liséré de son ruban rouge qui passait imperceptible par sa boutonnière, et qui semblait une ligne de sang tracée au pinceau.

Si maître de lui que fût Monte-Christo, il examina avec une visible curiosité, en lui rendant son salut, le magistrat qui, défiant par habitude, et peu crédule surtout quant aux merveilles sociales, était plus disposé à voir dans le noble étranger, c'était ainsi qu'on appelait déjà Monte-Christo, un chevalier d'industrie venant explorer un nouveau théâtre, ou un malfaiteur en état de rupture de ban, qu'un prince du Saint-Siège ou un sultan des *Mille et une Nuits*.

— Monsieur, dit Villefort avec ce ton glapissant affecté par les magistrats dans leurs périodes oratoires, et dont ils ne peuvent ou ne veulent pas se défaire dans la conversation; Monsieur, le service signalé que vous avez rendu hier à ma femme et à mon fils me fait un devoir de vous remercier. Je viens donc m'acquitter de ce devoir, et vous exprimer toute ma reconnaissance.

Et en prononçant ces paroles, l'œil sévère du magistrat n'avait rien perdu de son arrogance habituelle. Ces paroles qu'il venait de dire, il les avait articulées avec sa voix de procureur-général, avec cette raideur inflexible de col et d'épaules qui faisait, comme nous le répétons, dire à ses flatteurs qu'il était la statue vivante de la loi.

— Monsieur, répliqua le comte à son tour avec une froideur glaciale, je suis fort heureux d'avoir pu conserver un fils à sa mère, car on dit que le sentiment de la maternité est le plus puissant comme il est le plus saint de tous, et ce bonheur qui m'arrive vous dispensait, Monsieur, de remplir un devoir, dont l'exécution m'honore sans doute, car je sais que monsieur de Villefort ne prodigue pas la faveur qu'il me fait, mais qui, si précieuse qu'elle soit cependant, ne vaut pas pour moi la satisfaction intérieure.

Villefort, étonné de cette sortie, à laquelle il ne s'attendait pas, tressaillit comme un soldat qui sent le coup qu'on lui porte, malgré l'armure dont il est couvert, et un pli de sa lèvre dédaigneuse indiqua que dès l'abord il ne tenait pas le comte de Monte-Christo pour un gentilhomme bien civil.

Il jeta les yeux autour de lui pour raccrocher à quelque chose la conversation tombée, et qui semblait s'être brisée en tombant.

Il vit la carte qu'interrogeait Monte-Christo au moment où il était entré, et il reprit :

— Vous vous occupez de géographie, Monsieur ? C'est une riche étude pour vous surtout, qui, à ce qu'on assure, avez vu autant de pays qu'il y en a de gravés sur cet atlas.

— Oui, Monsieur, répondit le comte, j'ai voulu faire sur l'espèce humaine prise en masse ce que vous pratiquez chaque jour sur des exceptions, c'est-à-dire une étude physiologique. J'ai pensé qu'il me serait plus facile de descendre ensuite du tout à la partie, que de monter de la partie au tout. C'est un axiome algébrique qui veut que l'on procède du connu à l'inconnu, et non de l'inconnu au connu...

— Mais asseyez-vous donc, Monsieur, je vous en supplie.

Et Monte-Christo indiqua de la main au procureur du roi un fauteuil que celui-ci fut obligé de prendre la peine d'avancer lui-même, tandis que lui n'eut que celle de se laisser retomber dans celui sur lequel il était agenouillé quand le procureur du roi entra : de cette façon, le comte se trouva à demi tourné vers son visiteur, ayant le dos à la fenêtre et le coude appuyé sur la carte géographique qui faisait pour le moment l'objet de la conversation, conversation qui prenait, comme elle l'avait fait chez Morcerf et chez Danglars, une tournure tout-à-fait analogue, sinon à la situation, du moins aux personnages.

— Ah! vous philosophez, reprit Villefort après un instant de silence, pendant lequel, comme un athlète qui rencontre un rude adversaire, il avait fait provision de forces. Eh bien! Monsieur, parole d'honneur, si comme vous je n'avais rien à faire, je chercherais une moins triste occupation.

— C'est vrai, Monsieur, reprit Monte-Christo, et l'homme est une laide chenille pour celui qui l'étudie au microscope solaire; mais vous venez de dire, je crois, que je n'avais rien à faire. Voyons, par hasard, croyez-vous avoir quelque chose à faire, vous, Monsieur? ou, pour parler plus clairement, croyez-vous que ce que vous faites vaille la peine de s'appeler quelque chose?

L'étonnement de Villefort redoubla à ce second coup si brutalement porté par son étrange adversaire; il y avait longtemps que le magistrat ne s'était entendu dire un paradoxe de cette force, ou plutôt, pour parler plus exactement, c'était la première fois qu'il l'entendait.

Le procureur du roi se mit à l'œuvre pour répondre.

— Monsieur, dit-il, vous êtes étranger, et, vous le dites vous-même, je crois, une portion de votre vie s'est écoulée dans les pays orientaux; vous ne savez donc pas combien la justice humaine, expéditive en ces contrées barbares, a chez nous des allures prudentes et compassées?

— Si fait, Monsieur, si fait; c'est le

pede claudo antique. Je sais tout cela, car c'est surtout de la justice de tous les pays que je me suis occupé, c'est la procédure criminelle de toutes les nations que j'ai comparée à la justice naturelle; et, je dois le dire, Monsieur, c'est encore cette loi des peuples primitifs, c'est-à-dire la loi du talion, que j'ai le plus trouvée selon le cœur de Dieu.

— Si cette loi était adoptée, Monsieur, dit le procureur du roi, elle simplifierait fort nos codes, et c'est pour le coup que les magistrats n'auraient, comme vous le disiez tout-à-l'heure, plus grand'chose à faire.

— Cela viendra peut-être, dit Monte-Christo; vous savez que les inventions humaines marchent du composé au simple, et que le simple est toujours la perfection.

— En attendant, Monsieur, dit le magistrat, nos codes existent avec leurs articles contradictoires, tirés des coutumes gauloises, des lois romaines, des usages francs; or, la connaissance de toutes ces lois-là, vous en conviendrez, ne s'acquiert pas sans de longs travaux, et il faut une longue étude pour acquérir cette connaissance et une grande puissance de tête, cette connaissance une fois acquise, pour ne pas l'oublier.

— Je suis de cet avis-là, Monsieur; mais tout ce que vous savez, vous, à l'égard de ce code français, je le sais, moi, non-seulement à l'égard de ce code, mais à l'égard du code de toutes les nations; les lois anglaises, turques, japonaises, indoues me sont aussi familières que les lois françaises ; et j'avais donc raison de dire que, relativement (vous savez que tout est relatif, Monsieur), que relativement à tout ce que j'ai fait, vous avez bien peu de choses à faire, et que relativement à ce que j'ai appris, vous avez encore bien des choses à apprendre.

— Mais dans quel but avez-vous appris tout cela? reprit Villefort étonné.

Monte-Christo sourit.

— Bien, Monsieur, dit-il; je vois que, malgré la réputation qu'on vous a faite d'homme supérieur, vous voyez toutes choses au point de vue matériel et vulgaire de la société, commençant à l'homme et finissant à l'homme, c'est-à-dire au point de vue le plus restreint et le plus étroit qu'il a été permis à l'intelligence humaine d'embrasser.

— Expliquez-vous, Monsieur, dit Villefort de plus en plus étonné; je ne vous comprends pas... très-bien.

— Je dis, Monsieur, que, les yeux fixés sur l'organisation sociale des nations, vous ne voyez que les ressorts de la machine, et non l'ouvrier sublime qui la fait agir; je dis que vous ne reconnaissez devant vous et autour de vous que les titulaires des places dont les brevets ont été signés par des ministres ou par un roi, et que les hommes que Dieu a mis au-dessus des titulaires, des ministres et des rois, en leur donnant une mission à poursuivre au lieu d'une place à remplir, je dis que ceux-là échappent à votre courte vue. C'est le propre de la faiblesse humaine aux organes débiles et incomplets. Tobie prenait l'ange qui devait lui rendre la vue pour un jeune homme ordinaire. Les nations prenaient Attila, qui devait les anéantir, pour un conquérant comme tous les conquérants, et il a fallu que tous deux révélassent leurs missions célestes pour qu'on les reconnût; il a fallu que l'un dît : — Je suis l'ange du Seigneur, — et l'autre : — Je suis le marteau de Dieu, — pour que l'essence divine de tous deux fût révélée.

— Alors, dit Villefort de plus en plus étonné et croyant parler à un illuminé ou à un fou, vous vous regardez comme un de ces êtres extraordinaires que vous venez de citer.

— Pourquoi pas? dit froidement Monte-Christo.

— Pardon, Monsieur, reprit Villefort abasourdi, mais vous m'excuserez si, en me présentant chez vous, j'ignorais me présenter chez un homme dont les connaissances et dont l'esprit dépassent de si loin les connaissances ordinaires et l'esprit habituel des hommes. Ce n'est point l'usage chez nous, malheureux corrompus de la civilisation, que les gentilshommes possesseurs comme vous d'une fortune immense, du moins à ce qu'on assure, remarquez que je n'interroge pas, que seulement je répète, ce n'est pas l'usage, dis-je, que ces privilégiés des richesses perdent leur temps à des spéculations sociale, à des rêves philosophiques faits tout au plus pour consoler ceux que le sort a déshérités des biens de la terre.

— Eh! Monsieur, reprit le comte, en êtes-vous donc arrivé à la situation éminente que vous occupez sans avoir admis, et même sans avoir rencontré des exceptions; et n'exercez-vous jamais votre regard, qui aurait cependant tant besoin de finesse et de sûreté, à deviner d'un seul coup sur quel homme est tombé votre regard? Un magistrat ne devrait-il pas être, non pas le meilleur applicateur de la loi, non pas le plus rusé interprète des obscurités de la chicane, mais une sonde d'acier pour éprouver les cœurs, mais une pierre de touche pour essayer l'or dont chaque ame est toujours faite avec plus ou moins d'alliage ?

— Monsieur, dit Villefort, vous me confondez, sur ma parole, et je n'ai jamais entendu parler personne comme vous faites.

— C'est que vous êtes constamment resté enfermé dans le cercle des conditions générales, et que vous n'avez jamais osé vous élever d'un coup d'aile dans les sphères supérieures que Dieu a peuplées d'êtres invisibles ou exceptionnels.

— Et vous admettez, Monsieur, que ces sphères existent, que les êtres exceptionnels et invisibles se mêlent à nous ?

— Pourquoi pas ? est-ce que vous voyez

l'air que vous respirez, et sans lequel vous ne pourriez pas vivre ?

— Alors nous ne voyons pas ces êtres dont vous parlez ?

— Si fait, vous les voyez quand Dieu permet qu'ils se matérialisent ; vous les touchez, vous les coudoyez, vous leur parlez, et ils vous répondent.

— Ah! dit Villefort en souriant, j'avoue que je voudrais bien être prévenu quand un de ces êtres se trouvera en contact avec moi.

— Vous avez été servi à votre guise, Monsieur ; car vous avez été prévenu tout-à-l'heure, et maintenant encore je vous préviens.

— Ainsi vous-même...

— Je suis un de ces êtres exceptionnels, oui, Monsieur, et je le crois, jusqu'à ce jour, aucun homme ne s'est trouvé dans une position semblable à la mienne. Les royaumes des rois sont limités, soit par des montagnes, soit par des rivières, soit par un changement de mœurs, soit par une mutation de langage. Mon royaume à moi est grand comme le monde, car je ne suis ni Italien, ni Français, ni Indou, ni Américain, ni Espagnol : je suis cosmopolite. Nul pays ne peut dire qu'il m'a vu naître. Dieu seul sait quelle contrée me verra mourir. J'adopte tous les usages, je parle toutes les langues. Vous me croyez Français, vous, n'est-ce pas, car je parle le français avec la même facilité et la même pureté que vous ? eh bien! Ali, mon Nubien, me croit Arabe ; Bertuccio, mon intendant, me croit Romain ; Haydée, mon esclave, me croit Grec. Donc vous comprenez, n'étant d'aucun pays, ne demandant protection à aucun gouvernement, ne reconnaissant aucun homme pour mon frère, pas un seul des scrupules qui arrêtent les puissants ou des obstacles qui paralysent les faibles, ne me paralyse ou ne m'arrête. Je n'ai que deux adversaires ; je ne dirai pas deux vainqueurs, car avec de la persistance je les soumets ; c'est la distance et le temps. Le troisième, et le plus terrible, c'est ma condition d'homme mortel. Celle-là seule peut m'arrêter dans le chemin où je marche, et avant que je n'aie atteint le but auquel je tends : tout le reste, j'ai calculé. Ce que les hommes appellent les chances du sort, c'est-à-dire la ruine, le changement, les éventualités, je les ai toutes prévues; et si quelques unes peuvent m'atteindre, aucune ne peut me renverser. A moins que je ne meure, je serai toujours ce que je suis; voilà pourquoi je vous dis des choses que vous n'avez jamais entendues, même de la bouche des rois, car les rois ont besoin de vous, et les autres hommes en ont peur. Qui est-ce qui ne se dit pas, dans une société aussi ridiculement organisée que la nôtre :

« Peut-être un jour aurai-je affaire au procureur du roi ! »

— Mais, vous-même, Monsieur, pouvez-vous dire cela ? car, du moment où vous habitez la France, vous êtes naturellement soumis aux lois françaises.

— Je le sais, Monsieur, répondit Monte-Christo; mais quand je dois aller dans un pays, je commence à étudier, par des moyens qui me sont propres, tous les hommes dont je puis avoir quelque chose à espérer ou à craindre, et j'arrive à les connaître aussi bien, et mieux peut-être, qu'ils ne se connaissent eux-mêmes. Cela amène ce résultat, que le procureur du roi, quel qu'il fût, à qui j'aurais affaire, serait très-certainement plus embarrassé que moi-même.

— Ce qui veut dire, reprit avec hésitation Villefort, que la nature humaine étant faible, tout homme, selon vous, a commis... des fautes.

— Des fautes... ou des crimes, répondit négligemment Monte-Christo.

— Et que vous seul, parmi les hommes que vous ne reconnaissez pas pour vos frères, vous l'avez dit vous-même, reprit Villefort d'une voix légèrement altérée, et que vous seul êtes parfait?

— Non point parfait, répondit le comte, impénétrable, voilà tout. Mais brisons là-dessus, Monsieur; si la conversation vous déplaît, je ne suis pas plus menacé de votre justice que vous ne l'êtes de ma double vue.

— Non! non! Monsieur, dit vivement Villefort, qui, sans doute, craignait de paraître abandonner le terrain; non! Par votre brillante et presque sublime conversation, vous m'avez élevé au-dessus des niveaux ordinaires; nous ne causons plus, nous dissertons. Or, vous savez combien les théologiens en chaire de Sorbonne, où les philosophes dans leur disputes se disent parfois de cruelles vérités : supposons que nous faisons de la théologie sociale et de la philosophie théologique, je vous dirai donc celle-ci toute rude qu'elle est : Mon frère, vous sacrifiez à l'orgueil; vous êtes au-dessus des autres, mais au-dessus de vous il y a Dieu.

— Au-dessus de tous, Monsieur, répondit Monte-Christo, avec un accent si profond que Villefort en frissonna involontairement. J'ai mon orgueil pour les hommes, serpents toujours prêts à se dresser contre celui qui les dépasse du front sans les écraser du pied. Mais je dépose cet orgueil devant Dieu qui m'a tiré du néant pour me faire ce que je suis.

— Alors, monsieur le Comte, je vous admire, dit Villefort qui, pour la première fois dans cet étrange dialogue, venait d'employer cette formule aristocratique vis-à-vis de l'étranger qu'il n'avait jusque-là appelé que Monsieur. Oui, je vous le dis, si vous êtes réellement fort, réellement supérieur, réellement saint ou impénétrable, ce qui, vous avez raison, revient à peu près au même, soyez superbe. Monsieur, c'est la loi des dominations. Mais vous avez bien cependant une ambition quelconque ?

— J'en ai eu une, Monsieur.

— Laquelle ?

— Moi aussi, comme cela est arrivé à tout homme une fois dans sa vie, j'ai été enlevé par Satan sur la plus haute montagne de la terre; arrivé là, il me montra le monde tout entier, et comme il avait dit autrefois au Christ, il m'a dit à moi : « Voyons, enfant des hommes, pour m'adorer, que veux-tu ? » Alors j'ai réfléchi longtemps, car depuis longtemps une terrible ambition dévorait effectivement mon cœur; puis je lui répondis : « Écoute, j'ai toujours entendu parler de la Providence, et cependant je ne l'ai jamais vue, ni rien qui lui ressemble, ce qui me fait croire quelle n'existe pas; je veux être la Providence, car ce que je sais de plus beau, de plus grand et de plus sublime au monde, c'est de récompenser et de punir. » Mais Satan baissa la tête et poussa un soupir. « Tu te trompes, dit-il, la Providence existe; seulement tu ne vois pas, parce que, fille de Dieu, elle est invisible comme son père. Tu n'as rien vu qui lui ressemble, parce qu'elle procède par des ressorts cachés, et marche par des voies obscures; tout ce que je puis faire pour toi, c'est de te rendre un des agents de cette providence. » Le marché fut fait, j'y perdrai peut-être mon âme; mais n'importe, reprit Monte-Christo, et le marché serait à refaire que je le ferais encore.

Villefort regardait Monte-Christo avec un suprême étonnement.

— Monsieur le comte, dit-il, avez-vous des parents?

— Non, Monsieur, je suis seul au monde.

— Tant pis!

— Pourquoi cela? demanda Monte-Christo.

— Parce que vous auriez pu voir un spectacle propre à briser votre orgueil. Vous ne craignez que la mort, dites-vous?

— Je ne dis pas que je la craigne, je dis qu'elle seule peut m'arrêter.

— Et la vieillesse?

— Ma mission sera remplie avant que je ne sois vieux.

— Et la folie?

— J'ai manqué de devenir fou, et vous connaisssez l'axiôme *non bis in idem;* c'est un axiôme criminel, et qui, par conséquent, est de votre ressort.

— Monsieur, reprit Villefort, il y a encore autre chose à craindre que la mort, que la vieillesse, ou que la folie : il y a, par exemple, l'apoplexie, ce coup de foudre qui vous frappe sans vous détruire, et après lequel cependant tout est fini; c'est toujours vous et cependant vous n'êtes plus vous; vous qui touchiez, comme Ariel, à l'ange, vous n'êtes plus qu'une masse inerte, qui, comme Caliban, touche à la bête; cela s'appelle tout bonnement, comme je vous le disais, dans la langue humaine, une apoplexie. Venez, s'il vous plaît, continuer cette conversation chez moi, monsieur le Comte, un jour que vous aurez envie de rencontrer un adversaire capable de vous comprendre, et avide de vous réfuter, et je vous montrerai mon père, M. Noirtier de Villefort, un des plus fougueux jacobins de la révolution française, c'est-à-dire la plus brillante audace mise au service de la plus vigoureuse organisation; un homme qui, comme vous, n'avait peut-être pas vu tous les royaumes de la terre, mais avait aidé à bouleverser un des plus puissants; un homme enfin qui, comme vous, se prétendait un des envoyés, non pas de Dieu, mais de l'Être-Suprême, non pas de la Providence, mais de la fatalité; eh bien, Monsieur, la rupture d'un vaisseau sanguin dans un lobe du cerveau a brisé tout cela, non pas en un jour, non pas en une heure, mais en une seconde. La veille, M. Noirtier, ancien jacobin, ancien sénateur, ancien carbonaro, riant de la guillotine, riant du canon, riant du poignard, M. Noirtier jouant avec les révolutions, M. Noirtier pour qui la France n'était qu'un vaste échiquier duquel pions, tours, cavaliers et reine devaient disparaître pourvu que le roi fût mat, M. de Noirtier, si redouté et si redoutable, était le lendemain *ce pauvre monsieur Noirtier*, vieillard immobile, livré aux volontés de l'être le plus faible de la maison, c'est-à-dire de sa petite-fille Valentine; un cadavre muet et glacé enfin, qui ne vit sans joie, et, je l'espère, sans souffrance, que pour donner le temps à la matière d'arriver sans secousse à son entière décomposition.

— Hélas! Monsieur, dit Monte-Christo, ce spectacle n'est étranger ni à mes yeux ni à ma pensée ; je suis quelque peu médecin, et j'ai, comme mes confrères, cherché plus d'une fois l'ame dans la matière vivante ou dans la matière morte; et, comme la Providence, elle est restée invisible à mes yeux, quoique présente à mon cœur. Cent auteurs, depuis Socrate, depuis Sénèque, depuis saint Augustin, depuis Gall, ont fait, en prose ou en vers, le rapprochement que vous venez de faire; mais cependant je comprends que les souffrances d'un père puissent opérer de grands changements dans l'esprit de son fils. J'irai, Monsieur, puisque vous voulez bien m'y engager, contempler au profit de mon humilité ce terrible spectacle, qui doit fort attrister votre maison.

— Cela serait sans doute, si Dieu ne m'avait point donné une large compensation. En face du vieillard qui descend en se traînant vers la tombe, sont deux enfants qui entrent dans la vie : Valentine, une fille de mon premier mariage avec mademoiselle Rénée de Saint-Méran, et Édouard, ce fils à qui vous avez sauvé la vie.

— Et que concluez-vous de cette compensation, Monsieur? demanda Monte-Christo.

— Je conclus, Monsieur, répondit Villefort, que mon père, égaré par les passions, a commis quelques unes de ces fautes qui échappent à la justice humaine, mais qui relèvent de la justice de Dieu!... et que Dieu, ne voulant punir qu'une seule personne, n'a frappé que lui seul.

Monte-Christo, le sourire sur les lèvres, poussa au fond du cœur un rugissement qui eût fait fuir Villefort si Villefort eût pu l'entendre.

— Adieu, Monsieur, reprit le magistrat qui, depuis quelque temps déjà, s'était levé et parlait debout; je vous quitte, emportant de vous un souvenir d'estime qui, je l'espère, pourra vous être agréable lorsque vous me connaîtrez mieux, car je ne suis point un homme banal, tant s'en faut. Vous vous êtes fait d'ailleurs dans madame de Villefort une amie éternelle.

Le comte salua et se contenta de reconduire jusqu'à la porte de son cabinet seulement Villefort, lequel regagna sa voiture, précédé de deux laquais qui, sur un signe de leur maître, s'empressaient de la lui faire ouvrir.

Puis, quand le procureur du Roi eut disparu :

— Allons, dit Monte-Christo en tirant avec effort un soupir de sa poitrine oppressée; allons, assez de poison comme cela, et maintenant que mon cœur en est plein, allons chercher l'antidote!

Et frappant un coup sur le timbre retentissant :

— Je monte chez Madame, dit-il à Ali; que dans une demi-heure la voiture soit prête!

CHAPITRE VI.

HAYDÉE.

On se rappelle quelles étaient les nouvelles ou plutôt les anciennes connaissances du comte de Monte-Christo qui demeuraient rue Meslay : c'étaient Maximilien, Julie et Emmanuel.

L'espoir de cette bonne visite qu'il allait faire, de ces quelques moments heureux qu'il allait passer, de cette lueur du paradis glissant dans l'enfer où il s'était volontairement engagé, avait répandu, à partir du moment où il avait perdu de vue Villefort, la plus charmante sérénité sur le visage du comte, et Ali qui était accouru au bruit du timbre, en voyant ce visage ainsi rayonnant d'une joie si rare, s'était retiré sur la pointe du pied et la respiration suspendue, comme pour ne pas effaroucher les bonnes pensées qu'il croyait voir voltiger autour de son maître.

Il était midi : le comte s'était réservé une heure pour monter chez Haydée ; on eût dit que la joie ne pouvait rentrer tout-à-coup dans cette ame si longtemps brisée, et qu'elle avait besoin de se préparer aux émotions douces, comme les autres âmes ont besoin de se préparer aux émotions violentes.

La jeune Grecque était, comme nous l'avons dit, dans un appartement entièrement séparé de l'appartement du comte. Cet appartement était tout entier meublé à la manière orientale; c'est-à-dire que les parquets étaient couverts d'épais tapis de Turquie, que des étoffes de brocard retombaient le long des murailles, et que, dans chaque pièce, un large divan régnait tout autour de la chambre avec des piles de coussins qui se déplaçaient à la volonté de ceux qui en usaient.

Haydée avait trois femmes françaises

et une femme grecque. Les trois femmes françaises se tenaient dans la première pièce, prêtes à accourir au bruit d'une petite sonnette d'or et à obéir aux ordres de l'esclave romaïque, laquelle savait assez de français pour transmettre les volontés de sa maîtresse à ses trois camérières, auxquelles Monte-Christo avait recommandé d'avoir pour Haydée les égards que l'on aurait pour une reine.

La jeune fille était dans la pièce la plus reculée de son appartement, c'est-à-dire dans une espèce de boudoir rond, éclairé seulement par le haut, et dans lequel le jour ne pénétrait qu'à travers des carreaux de verre rose. Elle était couchée à terre sur des coussins de satin bleu brochés d'argent, à demi-renversée en arrière sur le divan, encadrant sa tête avec son bras droit mollement arrondi, tandis que, du gauche, elle fixait à ses lèvres le tube de corail dans lequel était enchassé le tuyau flexible d'un narguillé, qui ne laissait arriver la vapeur à sa bouche que parfumée par l'eau de benjoin, à travers laquelle sa douce aspiration la forçait de passer.

Sa pose, toute naturelle pour une femme d'Orient, eût été pour une Française d'une coquetterie peut-être un peu affectée.

Quant à sa toilette, c'était celle des femmes épiriotes, c'est-à-dire un caleçon de satin blanc broché de fleurs roses, et qui laissait à découvert deux pieds d'enfant qu'on eût crus de marbre de Paros, si on ne les eût vus se jouer avec deux petites sandales à la pointe recourbée, brodées d'or et de perles; une veste à longues raies bleues et blanches, à larges manches fendues par le bras, avec des boutonnières d'argent et des boutons de perles; enfin une espèce de corset laissant, par sa coupe ouverte en cœur, voir le cou et tout le haut de la poitrine, et se boutonnant au-dessous du sein par trois boutons de diamant. Quant au bas du corset et au haut du caleçon, ils étaient perdus dans une de ces ceintures aux vives couleurs et aux longues franges soyeuses qui font l'ambition de nos élégantes Parisiennes.

La tête était coiffée d'une petite calotte d'or brodée de perles, inclinée sur le côté, et au-dessous de la calotte, du côté où elle inclinait, une belle rose naturelle de couleur pourpre ressortait mêlée à des cheveux si noirs qu'ils paraissaient bleus.

Quant à la beauté de ce visage, c'était la beauté grecque dans toute la perfection de son type, avec ses grands yeux noirs veloutés, son front de marbre, son nez droit, ses lèvres de corail et ses dents de perles.

Puis sur ce charmant ensemble la fleur de la jeunesse était répandue avec tout son éclat et tout son parfum; Haydée pouvait avoir dix-neuf ou vingt ans.

Monte-Christo appela la suivante grecque, et fit demander à Haydée la permission d'entrer auprès d'elle.

Pour toute réponse, Haydée fit signe à la suivante de relever la tapisserie qui pendait devant la porte, dont le chambranle carré encadra la jeune fille couchée, comme un charmant tableau.

Monte-Christo s'avança.

Haydée se souleva sur le coude qui tenait le narguillé, et tendant au comte sa main en même temps qu'elle l'accueillait avec un sourire :

— Pourquoi, dit-elle dans la langue sonore des filles de Sparte et d'Athènes, pourquoi me fais-tu demander la permission d'entrer chez moi ? N'es-tu plus mon maître, ne suis-je plus ton esclave ?

Monte-Christo sourit à son tour.

— Haydée, dit-il, vous savez...

— Pourquoi ne me dis-tu pas *tu* comme d'habitude? interrompit la jeune Grecque; ai-je donc commis quelque faute? En ce cas il faut me punir, mais non pas me dire *vous*.

— Haydée, reprit le comte, tu sais que nous sommes en France, et par conséquent que tu es libre.

— Libre de quoi faire? demanda la jeune fille.

— Libre de me quitter.

— Te quitter!... et pourquoi te quitterais-je?

— Que sais-je, moi ? nous allons voir le monde.

— Je ne veux voir personne.

— Et si, parmi les beaux jeunes gens que tu rencontreras, tu en trouvais quelqu'un qui te plût, je ne serais pas assez injuste...

— Je n'ai jamais vu d'homme plus beau que toi, et je n'ai jamais aimé que mon père et toi.

— Pauvre enfant, dit Monte-Christo ; c'est que tu n'as guère jamais parlé qu'à ton père et à moi.

— Eh bien ! qu'ai-je besoin de parler à d'autres ? Mon père m'appelait *sa joie,* toi tu m'appelles *ton amour*, et tous deux vous m'appelez *votre enfant*.

— Tu te rappelles ton père, Haydée ?

La jeune fille sourit.

— Il est là, et là, dit-elle en mettant la main sur ses yeux et sur son cœur.

— Et moi, où suis-je ? demanda en souriant Monte-Christo.

— Toi, dit-elle, tu es partout.

Monte-Christo prit la main à Haydée pour la baiser; mais la naïve enfant retira sa main, et présenta son front.

— Maintenant, Haydée, lui dit-il, tu sais que tu es libre, que tu es maîtresse, que tu es reine; tu peux garder ton costume ou le quitter à ta fantaisie; tu resteras ici quand tu voudras rester, tu sortiras quand tu voudras sortir : il y aura toujours une voiture attelée pour toi ; Ali et Myrtho t'accompagneront partout et seront à tes ordres; seulement, une seule chose, je te prie.

— Dis.

— Garde le secret sur ta naissance, ne dis pas un mot de ton passé; ne prononce dans aucune occasion le nom de ton illustre père ni celui de ta pauvre mère.

— Je te l'ai déjà dit, seigneur, je ne verrai personne.

— Écoute, Haydée; peut-être cette réclusion tout orientale sera-t-elle impossible à Paris; continue d'apprendre la vie de nos pays du nord comme tu l'as fait à Rome, à Florence, à Milan et à Madrid; cela te servira toujours, que tu continues à vivre ici ou que tu retournes en Orient.

La jeune fille leva sur le comte ses grands yeux humides, et répondit :

— Où que nous retournions en Orient, veux-tu dire, n'est-ce pas, mon seigneur?

— Oui, ma fille, dit Monte-Christo; tu sais bien que ce n'est jamais moi qui te quitterai. Ce n'est point l'arbre qui quitte la fleur; c'est la fleur qui quitte l'arbre.

— Je ne te quitterai jamais, seigneur, dit Haydée, car je suis sûre que je ne pourrais pas vivre sans toi.

— Pauvre enfant! dans dix ans je serai vieux, et dans dix ans tu seras toute jeune encore.

— Mon père avait une longue barbe blanche; cela ne m'empêchait point de l'aimer; mon père avait soixante ans, et il me paraissait plus beau que tous les jeunes hommes que je voyais.

— Mais voyons, dis-moi, crois-tu que tu t'habitueras ici?

— Te verrai-je?

— Tous les jours.

— Eh bien! que me demandes-tu donc, seigneur?

— Je crains que tu ne t'ennuies.

— Non, seigneur, car le matin je penserai que tu viendras, et le soir je me rappellerai que tu es venu; d'ailleurs, quand je suis seule j'ai de grands souvenirs, je revois d'immenses tableaux, de grands horizons avec le Pinde et l'Olympe dans le lointain, puis j'ai dans le cœur trois sentiments avec lesquels on ne s'ennuie jamais : de la tristesse, de l'amour et de la reconnaissance.

— Tu es une digne fille de l'Epire, Haydée, gracieuse et poétique, et l'on voit que tu descends de cette famille de déesses qui est née dans ton pays. Sois donc tranquille, ma fille; je ferai en sorte que ta jeunesse ne soit pas perdue, car si tu m'aimes comme ton père, moi je t'aime comme mon enfant.

— Tu te trompes, seigneur, je n'aimais point mon père comme je t'aime, mon amour pour toi est un autre amour : mon père est mort et je ne suis pas morte, tandis que toi si tu mourais, je mourrais.

Le comte tendit la main à la jeune fille avec un sourire plein de profonde tendresse; elle y imprima ses lèvres comme d'habitude.

Et le comte, ainsi disposé à l'entrevue qu'il allait avoir avec Morrel et sa famille, partit en murmurant ces vers de Pindare :

« La jeunesse est une fleur dont l'amour est le fruit.... Heureux le vendangeur qui le cueille après l'avoir vu lentement mûrir. »

Selon ses ordres, la voiture était prête. Il y monta, et la voiture, comme toujours, partit au galop.

CHAPITRE VII.

LA FAMILLE MORREL.

Le comte arriva en quelques minutes rue Meslay, 7.

La maison était blanche, riante et précédée d'une cour dans laquelle deux petits massifs contenaient d'assez belles fleurs.

Dans le concierge qui lui ouvrit cette porte le comte reconnut le vieux Coclès. Mais comme celui-ci, on se le rappelle, n'avait qu'un œil, et que depuis neuf ans cet œil avait encore considérablement faibli, Coclès ne reconnut pas le comte.

Les voitures, pour s'arrêter devant l'entrée, devaient tourner afin d'éviter un petit jet d'eau jaillissant d'un bassin en rocaille, magnificence qui avait excité bien des jalousies dans le quartier, et qui était cause qu'on appelait cette maison : *le Petit-Versailles.*

Inutile de dire que dans le bassin manœuvraient une foule de poissons rouges et jaunes.

La maison, élevée au-dessus d'un

étage, de cuisines et de caveaux, avait, outre le rez-de-chaussée, deux étages pleins et des combles; les jeunes gens l'avaient achetée avec les dépendances, qui consistaient en un immense atelier, en deux pavillons au fond d'un jardin et dans le jardin lui-même. Emmanuel avait, du premier coup d'œil, vu dans cette disposition une petite spéculation à faire; il s'était réservé la maison, la moitié du jardin et avait tiré une ligne, c'est-à-dire qu'il avait bâti un mur entre lui et les ateliers, qu'il avait loués à bail avec les pavillons et la portion de jardin qui y était afférente; de sorte qu'il se trouvait logé pour une somme assez modique, et aussi bien clos chez lui que le plus minutieux propriétaire d'un hôtel du faubourg Saint-Germain.

La salle à manger était de chêne; le salon d'acajou et de velours bleu, la chambre à coucher de citronnier et de damas vert; il y avait en outre un cabinet de travail pour Emmanuel qui ne travaillait pas, et un salon de musique pour Julie, qui n'était pas musicienne.

Le second étage tout entier était consacré à Maximilien : il avait là une répétition exacte du logement de sa sœur, la salle à manger seulement avait été convertie en une salle de billard où il amenait ses amis.

Il surveillait lui-même le pansage de son cheval, et fumait son cigare à l'entrée du jardin quand la voiture du comte s'arrêta à la porte.

Coclès ouvrit la porte comme nous l'a-

vons dit, et Baptistin, s'élançant de son
siège, demanda si M. et madame Herbault et M. Maximilien Morrel étaient
visibles pour le comte de Monte-Christo.

— Pour le comte de Monte-Christo !
s'écria Morrel en jetant son cigare et en
s'élançant au-devant du visiteur : je le crois
bien que nous sommes visibles pour lui.
Ah ! merci, cent fois merci, monsieur le
Comte, de ne pas avoir oublié votre promesse.

Et le jeune officier serra si cordialement la main du comte, que celui-ci ne
put se méprendre à la franchise de la manifestation, et il vit bien qu'il avait été
attendu avec impatience, et était reçu
avec empressement.

— Venez, venez, dit Maximilien, je

veux vous servir d'introducteur; un homme comme vous ne doit pas être annoncé par un domestique; ma sœur est dans son jardin, elle casse ses roses fanées; mon frère lit ses deux journaux, la *Presse* et les *Débats*, à six pas d'elle, car partout où l'on voit madame Herbault, on n'a qu'à regarder dans un rayon de quatre mètres, M. Emmanuel s'y trouve, et réciproquement, comme on dit à l'École Polytechnique.

Le bruit des pas fit lever la tête à une jeune femme de vingt à vingt-cinq ans, vêtue d'une robe de chambre de soie, et épluchant avec un soin tout particulier un magnifique rosier-noisette.

Cette femme, c'était notre petite Julie, deventie, comme le lui avait prédit le mandataire de la maison Thomson et French, madame Emmanuel Herbault.

Elle poussa un petit cri en voyant un étranger. Maximilien se mit à rire.

— Ne te dérange pas, ma sœur, dit-il; monsieur le comte n'est que depuis deux ou trois jours à Paris, mais il sait déjà ce que c'est qu'une rentière du Marais, et, s'il ne le sait pas, tu vas le lui apprendre.

— Ah! Monsieur, dit Julie, vous amener ainsi, c'est une trahison de mon frère, qui n'a pas pour sa pauvre sœur la moindre coquetterie... Peneton! Peneton!

Un vieillard qui bêchait une plate-bande de rosiers du Bengale ficha sa bêche en terre et s'approcha, la casquette à la main, en dissimulant du mieux qu'il le pouvait une chique renfoncée momentanément dans les profondeurs de ses joues. Quelques mèches blanches argentaient sa chevelure encore épaisse, tandis que son teint bronzé et son œil hardi et vif annonçaient le vieux marin, bruni au soleil de l'équateur et hâlé au souffle des tempêtes.

— Je crois que vous m'avez hélé, mademoiselle Julie, dit-il; me voilà.

Peneton avait conservé l'habitude d'appeler la fille de son patron mademoiselle Julie, et n'avait jamais pu prendre celle de l'appeler madame Herbault.

— Peneton, dit Julie, allez prévenir M. Emmanuel de la bonne visite qui nous arrive, tandis que Maximilien conduira Monsieur au salon.

Puis se retournant vers Monte-Christo.

— Monsieur me permettra bien de m'enfuir une minute, n'est-ce pas? dit-elle.

Et sans attendre l'assentiment du comte, elle s'élança derrière un massif et gagna la maison par une allée latérale.

— Ah çà? mon cher monsieur Morrel, dit Monte-Christo, je m'aperçois avec douleur que je fais révolution dans votre famille.

— Tenez, tenez, dit Maximilien en riant, voyez-vous là-bas le mari qui, de son côté, va troquer sa veste contre une redingote? Oh! c'est qu'on vous connaît rue Meslay, vous étiez annoncé, je vous prie de le croire.

— Vous me paraissez avoir là, Monsieur, une heureuse famille, dit le Comte, répondant à sa propre pensée.

— Oh oui! je vous en réponds, monsieur le Comte; que voulez-vous, il ne leur manque rien pour être heureux; ils sont jeunes, ils sont gais, ils s'aiment, et avec leurs vingt-cinq mille livres de rente ils se figurent, eux qui ont cependant côtoyé tant d'immenses fortunes, ils se figurent posséder la richesse des Rothschild.

— C'est peu cependant, vingt-cinq mille livres de rente, dit Monte-Christo avec une douceur si suave qu'elle pénétra le cœur de Maximilien comme eût pu le faire la voix d'un tendre père; mais ils ne s'arrêteront pas là nos jeunes gens, ils deviendront à leur tour millionnaires. Monsieur votre beau-frère est avocat... médecin...

— Il était négociant, Monsieur le comte, et avait pris la maison de mon pauvre père. M. Morrel est mort en laissant cinq cent mille francs de fortune; j'en avais une moitié et ma sœur l'autre, car nous n'étions que deux enfants. Son mari, qui l'avait épousée sans avoir d'autre patrimoine que sa noble probité, son intelligence de premier ordre et sa réputation sans tache, a voulu posséder autant que sa femme. Il a travaillé jusqu'à ce qu'il eût amassé deux cent cinquante mille francs; six ans ont suffi. C'était, je vous le jure, monsieur le comte, un touchant spectacle que celui de ces deux enfants si laborieux, si unis, destinés par leur capacité à la plus haute fortune, et qui, n'ayant rien voulu changer aux habitudes de la maison paternelle, ont mis six ans à faire ce que des novateurs eussent pu faire en deux ou trois; aussi Marseille retentit encore des louanges qu'on n'a pu refuser à tant de courageuse abnégation. Enfin un jour Emmanuel vint trouver sa femme qui achevait de payer l'échéance.

— Julie, lui dit-il, voici le dernier rouleau de cent francs que vient de me remettre Coclès et qui complète les deux cent cinquante mille francs que nous avons fixés comme limite de nos gains.

Seras-tu satisfaite de ce peu dont il va falloir nous contenter désormais ? Écoute, la maison fait pour un million d'affaires par an, et peut rapporter quarante mille francs de bénéfices. Nous vendrons, si nous le voulons, la clientèle trois cent mille francs dans une heure, car voici une lettre de M. Delaunay qui nous les offre en échange de notre fonds qu'il veut réunir au sien. Vois ce que tu penses qu'il y ait à faire.

— Mon ami, dit ma sœur, la maison Morrel ne peut être tenue que par un Morrel. Sauver à tous jamais des mauvaises chances de la fortune le nom de notre père, cela ne vaut-il pas bien trois cent mille francs ?

— Je le pensais, répondit Emmanuel ; cependant je voulais prendre ton avis.

— Eh bien! mon ami, le voilà. Toutes nos rentrées sont faites; tous nos billets sont payés; nous pouvons tirer une barre au-dessous du compte de cette quinzaine et fermer nos comptoirs; tirons cette barre, et fermons-les. Ce qui fut fait à l'instant même. Il était trois heures : à trois heures un quart, un client se présenta pour faire assurer le passage de deux navires; c'était un bénéfice net de quinze mille francs comptant.

— Monsieur, dit Emmanuel, veuillez vous adresser pour cette assurance à notre confrère M. Delaunay. Quant à nous, nous avons quitté les affaires.

— Et depuis quand? demanda le client étonné.

— Depuis un quart d'heure.

— Et voilà, Monsieur, continua en souriant Maximilien, comment ma sœur et mon beau-frère n'ont que vingt-cinq mille livres de rentes.

Maximilien achevait à peine sa narration pendant laquelle le cœur du comte s'était dilaté de plus en plus, lorsque Emmanuel reparut, restauré d'un chapeau et d'une redingote; il salua en homme qui connaît la qualité du visiteur, puis, après avoir fait faire au comte le tour du petit enclos fleuri, il le ramena vers la maison.

Le salon était déjà embaumé de fleurs contenues à grand'peine dans un immense vase du Japon à anses naturelles. Julie, convenablement vêtue et coquettement coiffée (elle avait accompli ce tour de force en dix minutes), se présenta pour recevoir le comte à son entrée.

On entendait caqueter les oiseaux d'une volière voisine; les branches des faux ébéniers et des acacias roses venaient broder de leurs grappes les rideaux de velours bleu. Tout dans cette charmante petite retraite respirait le calme, depuis le chant de l'oiseau jusqu'au sourire des maîtres.

Le comte, depuis son entrée dans la maison, s'était déjà imprégné de ce bonheur; aussi restait-il muet et rêveur, oubliant qu'on le regardait et qu'on l'attendait pour reprendre la conversation interrompue après les premiers compliments.

Il s'aperçut de ce silence devenu presque inconvenant, et s'arrachant avec effort à sa rêverie :

— Madame, dit-il enfin, pardonnez-moi une émotion qui doit vous étonner, vous accoutumée à cette paix et à ce bonheur que je rencontre ici; mais pour moi, c'est chose si nouvelle que la satisfaction sur un visage humain, que je ne me lasse pas de vous regarder vous et votre mari.

— Nous sommes bien heureux en effet, Monsieur, répliqua Julie; mais nous avons été longtemps à souffrir, et peu de gens ont acheté leur bonheur aussi cher que nous.

La curiosité se peignit sur les traits du comte.

— Oh! c'est toute une histoire de famille, comme vous le disait l'autre jour Château-Renaud, reprit Maximilien ; pour vous, monsieur le comte, habitué à voir d'illustres malheurs et des joies splendides, il y aurait peu d'intérêt dans ce tableau d'intérieur. Toutefois nous avons, comme vient de vous le dire Julie, souffert de bien vives douleurs, quoiqu'elles fussent renfermées dans ce petit cadre.

— Et Dieu vous a versé, comme il le fait pour tous, la consolation sur la souffrance? demanda Monte-Christo.

— Oui, Monsieur le comte, dit Julie; nous pouvons le dire, car il a fait pour nous ce qu'il ne fait que pour ses élus ; il nous a envoyé un de ses anges.

Le rouge monta aux joues du comte,

et il toussa pour avoir un moyen de dissimuler son émotion en portant son mouchoir à sa bouche.

— Ceux qui sont nés dans un berceau de pourpre et qui n'ont jamais rien désiré, dit Emmanuel, ne savent pas ce que c'est que le bonheur de vivre; de même que ceux-là ne connaissent pas le prix d'un ciel pur, qui n'ont jamais livré leur vie à la merci de quatre planches jetées sur une mer en fureur.

Monte-Christo se leva, et sans rien répondre, car au tremblement de sa voix, on eût pu reconnaître l'émotion dont il était agité, il se mit à parcourir pas à pas le salon.

— Notre magnificence vous fait sourire, Monsieur le comte, dit Maximilien qui suivait Monte-Christo des yeux.

— Non, non, répondit Monte-Christo fort pâle, et comprimant d'une main les battements de son cœur, tandis que, de l'autre, il montrait au jeune homme un globe de cristal sous lequel une bourse de soie reposait précieusement couchée sur un coussin de velours noir. Je me demandais seulement à quoi sert cette bourse, qui, d'un côté, contient un papier, ce me semble, et de l'autre un assez beau diamant.

Maximilien prit un air grave et répondit :

— Ceci, Monsieur le Comte, c'est le plus précieux de nos trésors de famille.

— En effet, ce diamant est assez beau, répliqua Monte-Christo.

— Oh! mon frère ne vous parle pas du prix de la pierre, quoiqu'elle soit estimée cent mille francs, Monsieur le Comte; il veut seulement vous dire que les objets que renferme cette bourse sont les reliques de l'ange dont nous vous parlions tout-à-l'heure.

— Voilà ce que je ne saurais comprendre, et cependant ce que je ne dois pas demander, Madame, répliqua Monte-Christo en s'inclinant; pardonnez-moi, je n'ai pas voulu être indiscret.

— Indiscret, dites-vous? oh! que vous nous rendez heureux, Monsieur le Comte, au contraire, en nous offrant une occasion de nous étendre sur ce sujet ! Si nous cachions comme un secret la belle action que rappelle cette bourse, nous ne l'exposerions pas ainsi à la vue. Oh! nous voudrions pouvoir la publier dans tout l'univers, pour qu'un tressaillement de notre bienfaiteur inconnu nous révélât sa présence.

— Ah! vraiment! fit Monte-Christo d'une voix étouffée.

— Monsieur, dit Maximilien en soulevant le globe de cristal et en baisant religieusement la bourse de soie, ceci a touché la main d'un homme par lequel mon père a été sauvé de la mort, nous de la ruine et notre nom de la honte; d'un homme, grâce auquel nous autres, pauvres enfants voués à la misère et aux larmes, nous pouvons entendre aujourd'hui des gens, s'extasier sur notre bonheur. Cette lettre, et Maximilien tirant un billet de la bourse le présenta au comte, cette lettre fut écrite par lui un jour où mon père avait pris une résolution bien désespérée, et ce diamant fut donné en dot à ma sœur, par ce généreux inconnu.

Monte-Christo ouvrit la lettre, et la lut avec une indéfinissable expression de bonheur; c'était le billet que nos lecteurs connaissent, adressé à Julie et signé Simbad le Marin.

— Inconnu, dites-vous? Ainsi, l'homme qui vous a rendu ce service est resté inconnu pour vous ?

— Oui, Monsieur, jamais nous n'avons

eu le bonheur de serrer sa main; ce n'est pas faute cependant d'avoir demandé à Dieu cette faveur, reprit Maximilien ; mais il y a eu dans toute cette aventure une mystérieuse direction que nous ne pouvons comprendre encore ; tout a été conduit par une main invisible, puissante comme celle d'un enchanteur.

— Oh! dit Julie, je n'ai pas perdu encore tout espoir de baiser un jour cette main comme je baise la bourse qu'elle a touchée. Il y a quatre ans, Peneton était à Trieste : Peneton, monsieur le Comte, c'est ce brave marin que vous avez vu une bêche à la main, et qui, de contre-maître, s'est fait jardinier. Peneton, étant donc à Trieste, vit sur le quai un Anglais qui allait s'embarquer dans un yacht, et il reconnut celui qui vint chez mon père le 5 juin 1829, et qui m'écrivit ce billet le 5 septembre. C'était bien le même, à ce qu'il assure, mais il n'osa point lui parler.

— Un Anglais! fit Monte-Christo rêveur et qui s'inquiétait de chaque regard de Julie; un Anglais, dites-vous?

— Oui, reprit Maximilien, un Anglais qui se présenta chez nous comme mandataire de la maison Thomson et French de Rome. Voilà pourquoi, lorsque vous avez dit l'autre jour chez M. de Morcerf que MM. Thomson et French étaient vos banquiers, vous m'avez vu tressaillir. Au nom du ciel, Monsieur, cela se passait, comme nous vous l'avons dit, en 1829. Avez-vous connu cet Anglais?

— Mais ne m'avez-vous pas dit aussi que la maison Thomson et French avait constamment nié vous avoir rendu ce service?

— Oui.

— Alors cet Anglais ne serait-il pas un homme qui, reconnaissant envers votre père de quelque bonne action qu'il aurait oubliée lui-même, aurait pris ce prétexte pour lui rendre un service?

— Tout est supposable, Monsieur, en pareille circonstance, même un miracle.

— Comment s'appelait-il? demanda Monte-Christo.

— Il n'a laissé d'autre nom, répondit

Julie en regardant le comte avec une profonde attention, que le nom qu'il a signé au bas du billet : Simbad le Marin.

— Ce qui n'est pas un nom évidemment, mais un pseudonyme.

Puis, comme Julie le regardait plus attentivement encore, et essayait encore de saisir au vol et de rassembler quelques notes de sa voix.

—Voyons, continua-t-il, n'est-ce point un homme de ma taille à peu près, un peu plus grand peut-être, un peu plus mince, emprisonné dans une haute cravate, boutonné, corsé, sanglé et toujours le crayon à la main?

—Oh! mais vous le connaissez donc? s'écria Julie les yeux étincelants de joie.

— Non, dit Monte-Christo, je suppose seulement. J'ai connu un lord Wilmore qui semait ainsi des traits de générosité.

— Sans se faire connaître?

— C'était un homme bizarre et qui ne croyait pas à la reconnaissance.

— Oh! mon Dieu! s'écria Julie avec un accent sublime et en joignant les mains, à quoi croit-il donc, le malheureux!

— Il n'y croyait pas, du moins à l'époque où je l'ai connu, dit Monte-Christo, que cette voix partie du fond de l'ame avait remué jusqu'à la dernière fibre; mais depuis ce temps, peut-être a-t-il eu quelque preuve que la reconnaissance existait.

— Et vous connaissez cet homme, Monsieur? demanda Emmanuel.

— Oh! si vous le connaissez, Monsieur, s'écria Julie, dites, dites, pouvez-vous nous mener à lui, nous le montrer, nous dire où il est? Dis donc, Maximilien, dis donc, Emmanuel, si nous le retrouvions jamais, il faudrait bien qu'il crût à la mémoire du cœur.

Monte-Christo sentit deux larmes rouler dans ses yeux; il fit encore quelques pas dans le salon.

— Au nom du ciel, Monsieur, dit Maximilien, si vous savez quelque chose de cet homme, dites-nous ce que vous en savez!

— Hélas! dit Monte-Christo en comprimant l'émotion de sa voix, si c'est lord Wilmore qui est votre bienfaiteur, je crains bien que jamais vous ne le retrouviez. Je l'ai quitté il y a deux ou trois ans à Palerme, et il partait pour les pays les plus fabuleux; si bien que je doute fort qu'il en revienne jamais.

— Ah! Monsieur, vous êtes cruel! s'écria Julie avec effroi.

Et les larmes vinrent aux yeux de la jeune femme.

— Madame, dit gravement Monte-Christo en dévorant du regard les deux perles liquides qui roulaient sur les joues de Julie, si lord Wilmore avait vu ce que je viens de voir ici, il aimerait encore la vie, car les larmes que vous versez le raccommoderaient avec le genre humain.

Et il tendit la main à Julie qui lui donna la sienne, entraînée qu'elle se sentait par le regard et par l'accent du comte.

— Mais ce lord Wilmore, dit-elle, se rattachant à une dernière espérance, il avait un pays, une famille, des parents, il était connu enfin? est-ce que nous ne pourrions pas?...

— Oh! ne cherchez point, Madame, dit le comte, ne bâtissez point de douces chimères sur cette parole que j'ai laissé échapper. Non, lord Wilmore n'est probablement pas l'homme que vous cherchez, il était mon ami, je connaissais tous ses secrets, il m'eût raconté celui-là.

— Et il ne vous en a rien dit? s'écria Julie.

— Rien.

— Jamais un mot qui pût vous faire supposer?...

— Jamais.

— Cependant vous l'avez nommé tout de suite.

— Ah! vous savez... en pareil cas, on suppose.

— Ma sœur, ma sœur, dit Maximilien venant en aide au comte, Monsieur a raison. Rappelle-toi ce que nous a dit si souvent notre bon père : ce n'est pas un Anglais qui nous a fait ce bonheur.

Monte-Christo tressaillit.

— Votre père vous disait, monsieur Morrel?... reprit-il vivement.

— Mon père, Monsieur, voyait dans cette action un miracle. Mon père croyait à un bienfaiteur sorti pour nous de la tombe. Oh! la touchante superstition, Monsieur, que celle-là, et comme tout en n'y croyant pas moi-même j'étais loin de vouloir détruire cette croyance dans son noble cœur! Aussi combien de fois y rêva-t-il, en prononçant tout bas un nom d'ami bien cher, un nom d'ami perdu ; et lorsqu'il fut près de mourir, lorsque l'approche de l'éternité eut donné à son esprit quelque chose de l'illumination de la tombe, cette pensée, qui n'avait jusque-là été qu'un doute, devint une conviction, et les dernières paroles qu'il prononça en mourant furent celles-ci : — « Maximilien, c'était Edmond Dantès ! »

La pâleur du comte, qui depuis quelques secondes allait croissant, devint effrayante à ces paroles. Tout son sang venait d'affluer au cœur, il ne pouvait parler ; il tira sa montre comme s'il eût oublié l'heure, prit son chapeau, présenta à madame Herbault un compliment brusque et embarrassé, et serrant les mains d'Emmanuel et de Maximilien

— Madame, dit-il, permettez-moi de venir quelquefois vous rendre mes devoirs. J'aime votre maison et je vous suis reconnaissant de votre accueil, car voici la première fois que je me suis oublié depuis bien des années.

Et il sortit à grands pas.

— C'est un homme singulier que ce comte de Monte-Christo, dit Emmanuel.

— Oui, répondit Maximilien, mais je crois qu'il a un cœur excellent, et je suis sûr qu'il nous aime.

— Et moi! dit Julie, sa voix m'a été au cœur, et deux ou trois fois il m'a semblé que ce n'était point la première fois que je l'entendais.

CHAPITRE VIII.

PYRAME ET THISBÉ.

Aux deux tiers du faubourg Saint-Honoré, derrière un bel hôtel remarquable entre les remarquables habitations de ce riche quartier, s'étend un vaste jardin dont les marronniers touffus dépassent les énormes murailles, hautes comme des remparts, et laissent, quand vient le printemps, tomber leurs fleurs roses et blanches dans deux vases de pierre cannelée placés parallèlement sur deux pilastres quadrangulaires dans lesquels s'enchâsse une grille de fer du temps de Louis XIII.

Cette entrée grandiose est condamnée, malgré les magnifiques géraniums qui poussent dans les deux vases, et qui balancent au vent leurs feuilles marbrées et leurs fleurs de pourpre, depuis que les propriétaires de l'hôtel, et cela date de longtemps déjà, se sont restreints à la possession de l'hôtel, de la cour plantée d'arbres qui donne sur le faubourg, et du jardin que ferme cette grille, laquelle donnait autrefois sur un magnifique po-

tager d'un arpent, annexé à la propriété
Mais le démon de la spéculation ayant
tiré une ligne, c'est-à-dire une rue à
l'extrémité de ce potager, et la rue, avant
d'exister, ayant déjà, grâce à une plaque
de verre bruni, reçu un nom, on pensa
pouvoir vendre ce potager pour bâtir sur
la rue, et faire concurrence à cette grande
artère de Paris qu'on appelle le faubourg
Saint-Honoré.

Mais en matière de spéculation l'homme
propose et l'argent dispose ; la rue bapti-
sée mourut au berceau ; l'acquéreur du
potager, après l'avoir parfaitement payé,
ne put trouver à le revendre la somme
qu'il en voulait, et en attendant une
hausse de prix qui ne peut manquer un
jour ou l'autre de l'indemniser bien au-
delà de ses pertes passées et de son capi-

tal au repos, il se contenta de louer cet enclos à des maraîchers moyennant la somme de cinq cents francs par an.

C'est de l'argent placé à un demi pour cent, ce qui n'est pas cher par le temps qui court, où il y a tant de gens qui le placent à cinquante, et qui trouvent encore que l'argent est d'un bien pauvre rapport.

Néanmoins, comme nous l'avons dit, la grille du jardin, qui autrefois donnait sur le potager, est condamnée, et la rouille ronge ses gonds ; il y a même plus : pour que d'ignobles maraîchers ne souillent pas de leurs regards vulgaires l'intérieur de l'enclos aristocratique, une cloison de planches est appliquée aux barreaux jusqu'à la hauteur de six pieds. Il est vrai que les planches ne sont pas si bien jointes qu'on ne puisse glisser un regard furtif entre les intervalles ; mais cette maison est une maison sévère et qui ne craint point les indiscrétions.

Dans ce potager, au lieu de choux, de carottes, de radis, de pois et de melons, poussent de grandes luzernes, seule culture qui annonce que l'on songe encore à ce lieu abandonné. Une petite porte basse, s'ouvrant sur la rue projetée, donne entrée en ce terrain enclos de murs, que ses locataires viennent d'abandonner à cause de sa stérilité, et qui, depuis huit jours, au lieu de rapporter un demi pour cent comme par le passé, ne rapporte plus rien du tout.

Du côté de l'hôtel, les marronniers dont

nous avons parlé couronnent la muraille, ce qui n'empêche pas d'autres arbres luxuriants et fleuris de glisser dans leurs intervalles leurs branches avides d'air. A un angle où le feuillage devient tellement touffu qu'à peine si la lumière y pénètre, un large banc de pierre et des sièges de jardin indiquent un lieu de réunion ou une retraite favorite à quelque habitant de l'hôtel situé à cent pas, et que l'on aperçoit à peine à travers le rempart de verdure qui l'enveloppe. Enfin le choix de cet asyle mystérieux est à la fois justifié par l'absence du soleil, par la fraîcheur éternelle, même pendant les jours les plus brûlants de l'été, par le gazouillement des oiseaux et par l'éloignement de la maison et de la rue, c'est-à-dire des affaires et du bruit.

Vers le soir d'une des plus chaudes journées que le printemps eût encore accordées aux habitants de Paris, il y avait sur ce banc de pierre un livre, une ombrelle, un panier à ouvrage et un mouchoir de batiste dont la broderie était commencée : et, non loin de ce banc, près de la grille, debout devant les planches, l'œil appliqué à la cloison à claire-voie, une jeune femme, dont le regard plongeait par une fente dans le terrain désert que nous connaissons.

Presqu'au même moment, la petite porte de ce terrain se refermait sans bruit, et un jeune homme, grand, vigoureux, vêtu d'une blouse de toile écrue, d'une casquette de velours, mais dont les moustaches, la barbe et les cheveux noirs extrêmement soignés juraient quelque peu avec ce costume populaire, après un rapide coup d'œil jeté autour de lui pour s'assurer que personne ne l'épiait, passant par cette porte qu'il referma derrière lui, se dirigeait d'un pas précipité vers la grille.

À la vue de celui qu'elle attendait, mais non pas probablement sous ce costume, la jeune fille eut peur et se rejeta en arrière.

Et cependant déjà, à travers les fentes de la porte, le jeune homme, avec ce regard qui n'appartient qu'aux amants, avait vu flotter la robe blanche et la longue ceinture bleue; il s'élança vers la cloison, et appliquant sa bouche à une ouverture :

—N'ayez pas peur, Valentine, dit-il, c'est moi.

La jeune fille s'approcha.

— Oh! Monsieur, dit-elle, pourquoi donc êtes vous venu si tard aujourd'hui? Savez-vous que l'on va dîner bientôt, et qu'il m'a fallu bien de la diplomatie et bien de la promptitude pour me débarrasser de ma belle-mère qui m'épie, de ma femme de chambre qui m'espionne, et de mon frère qui me tourmente, pour venir travailler ici à cette broderie, qui, j'en ai bien peur, ne sera pas finie de long-temps? Puis quand vous vous serez excusé sur votre retard, vous me direz quel est ce nouveau costume qu'il vous a plu d'adopter, et qui presque a été cause que je ne vous ai pas reconnu.

— Chère Valentine, dit le jeune homme, vous êtes trop au-dessus de mon amour pour que j'ose vous en parler, et cependant toutes les fois que je vous vois j'ai besoin de vous dire que je vous adore, afin que l'écho de mes propres paroles me caresse doucement le cœur lorsque je ne vous vois plus. Maintenant je vous remercie de votre gronderie : elle est toute charmante, car elle me prouve, je n'ose pas dire que vous m'attendiez, mais que vous pensiez à moi. Vous vouliez savoir la cause de mon retard et le motif de mon déguisement, je vais vous les dire, et j'espère que vous les excuserez ; j'ai fait choix d'un état.

— D'un état... que voulez-vous dire, Maximilien ? et sommes nous donc assez heureux pour que vous parliez de ce qui nous regarde en plaisantant?

— Oh! Dieu me préserve, dit le jeune homme, de plaisanter avec ce qui est ma vie; mais, fatigué d'être un coureur de champs et un escaladeur de murailles, sérieusement effrayé de l'idée que vous me fîtes naître l'autre soir que votre père me ferait juger un jour comme voleur, ce qui compromettrait l'honneur de l'armée française tout entière, non moins effrayé de la possibilité que l'on s'étonne de voir éternellement tourner autour de ce terrain, où il n'y a pas la plus petite citadelle à assiéger, ou le plus petit blockhaus à défendre, un capitaine de spahis, je me suis fait maraîcher, et j'ai adopté le costume de ma profession.

— Bon, quelle folie!

— C'est au contraire la chose la plus sage, je crois, que j'aie faite de ma vie, car elle nous donne toute sécurité.

— Voyons, expliquez-vous.

— Eh bien, j'ai été trouver le propriétaire de cet enclos, le bail avec les anciens locataires était fini, et je le lui ai loué à nouveau. Toute cette luzerne que vous voyez m'appartient, Valentine; rien ne m'empêche de me faire bâtir une cabane dans ces foins, et de vivre désormais à vingt pas de vous. Oh! ma joie et mon bonheur, je ne puis les contenir. Comprenez-vous, Valentine, que l'on parvienne à payer ces choses-là? C'est impossible, n'est-ce pas? Eh bien! toute cette félicité, tout ce bonheur, toute cette joie pour lesquels j'eusse donné dix ans de ma vie, me coûtent, devinez combien?... cinq cents francs par an, payables par trimestre. Ainsi, vous le voyez, désormais plus rien à craindre. Je suis ici chez moi, je puis mettre des échelles contre mon mur et regarder par-dessus, et j'ai, sans crainte qu'une patrouille vienne me déranger, le droit de vous dire que je vous aime, tant que votre fierté ne se blessera pas d'entendre sortir ce mot de la bouche d'un pauvre journalier vêtu d'une blouse et coiffé d'une casquette.

Valentine poussa un petit cri de surprise joyeuse, puis tout-à-coup :

— Hélas! Maximilien, dit-elle tristement, et comme si un nuage jaloux était soudain venu voiler le rayon de soleil qui illuminait son cœur, maintenant nous serons trop libres; notre bonheur nous fera tenter Dieu ; nous abuserons de notre sécurité, et notre sécurité nous perdra.

— Pouvez-vous me dire cela, mon amie, à moi qui, depuis que je vous connais, vous prouve chaque jour que j'ai subordonné mes pensées et ma vie à votre vie et à vos pensées ? Qui vous a donné confiance en moi ? mon honneur, n'est-ce pas ? Quand vous m'avez dit qu'un vague instinct vous assurait que vous couriez quelque grand danger, j'ai mis mon dévouement à votre service, sans vous demander d'autre récompense que le bonheur de vous servir. Depuis ce temps, vous ai-je, par un mot, par un signe, donné l'occasion de vous repentir de m'avoir distingué au milieu de ceux qui eussent été heureux de mourir pour vous ? Vous m'avez dit, pauvre enfant, que vous étiez fiancée à M. d'Épinay, que votre père avait décidé cette alliance, c'est-à-dire qu'elle était certaine; car tout ce que veut M. de Villefort arrive infailliblement. Eh bien! je suis resté dans l'ombre, attendant tout, non pas de ma volonté, non pas de la vôtre, mais des évènements, de la providence, de Dieu, et cependant vous m'aimez, vous avez eu pitié de moi, Valentine, et vous me l'avez dit; merci pour cette douce parole que je ne vous demande que de me répéter de temps en temps, et qui me fera tout oublier.

— Et voilà ce qui vous a enhardi, Maximilien, voilà ce qui me fait à la fois une vie bien douce et bien malheureuse, au point que je me demande souvent lequel vaut mieux pour moi, du chagrin que me causait autrefois la rigueur de ma belle-mère et sa préférence aveugle pour son enfant, ou du bonheur plein de dangers que je goûte en vous voyant.

— Du danger! s'écria Maximilien; pouvez-vous dire un mot si dur et si injuste! Avez-vous jamais vu un esclave plus soumis que moi? Vous m'avez permis de vous adresser quelquefois la parole, Valentine, mais vous m'avez défendu de vous suivre; j'ai obéi. Depuis que j'ai trouvé le moyen de me glisser dans cet enclos, de causer avec vous à travers cette porte, d'être enfin si près de vous sans vous voir, ai-je jamais, dites-le-moi, demandé à toucher le bas de votre robe à travers ces grilles? ai-je jamais fait un pas pour franchir ce mur, ridicule obstacle pour ma jeunesse et ma force? Jamais un reproche sur votre rigueur, jamais un désir exprimé tout haut; j'ai été rivé à ma parole comme un chevalier des temps passés. Avouez cela du moins, pour que je ne vous croie pas injuste.

— C'est vrai, dit Valentine, en passant entre deux planches le bout d'un de ses doigts effilés sur lequel Maximilien posa ses lèvres; c'est vrai, vous êtes un honnête ami. Mais enfin vous n'avez agi qu'avec le sentiment de votre intérêt, mon cher Maximilien; vous saviez bien que, du jour où l'esclave deviendrait exigeant, il lui faudrait tout perdre. Vous m'avez promis l'amitié d'un frère, moi qui n'ai pas d'amis à moi, que mon père oublie, moi que ma belle-mère persécute, et qui n'ai pour consolation que le vieillard immobile, muet, glacé, dont la main ne peut serrer ma main, dont l'œil seul peut me parler, et dont le cœur bat sans doute pour moi d'un reste de chaleur. Dérision amère du sort qui me fait ennemie et victime de tous ceux qui sont plus forts que moi, et qui me donne un cadavre pour soutien et pour ami! Oh! vraiment, Maximilien, je vous le répète, je suis bien malheureuse, et vous avez raison de m'aimer pour moi et non pour vous.

— Valentine, dit le jeune homme avec une émotion profonde, je ne dirai pas que je n'aime que vous au monde, car j'aime aussi ma sœur et mon beau-frère, mais c'est d'un amour doux et calme, qui ne ressemble en rien au sentiment que j'éprouve pour vous : quand je pense à vous, mon sang bout, ma poitrine se gonfle, mon cœur déborde; mais cette force, cette ardeur, cette puissance surhumaine, je les emploierai à vous aimer seulement jusqu'au jour où vous me direz de les employer à vous servir. M. Franz d'Epinay sera absent un an encore, dit-on; en un an, que de chances favorables peuvent nous servir, que d'événements peuvent nous seconder! Espérons donc toujours, c'est si bon et si doux d'espérer! Mais en attendant, vous, Valentine, vous qui me reprochez mon égoïsme, qu'avez-vous été pour moi? la belle et froide statue de la Vénus pudique. En échange de ce dévouement, de cette obéissance, de cette retenue, que m'avez-vous promis, vous? rien : que m'avez-vous accordé? bien peu de chose. Vous me parlez de M. d'Épinay, votre fiancé, et vous soupirez à cette idée d'être un jour à lui. Voyons, Valentine, est-ce là tout ce que vous avez dans l'ame? Quoi! je vous engage ma vie, je vous donne mon ame, je vous consacre jusqu'au plus insignifiant battement de mon cœur, et quand je suis tout à vous, moi, quand je me dis tout bas que je mourrai si je vous perds, vous ne vous épouvantez pas, vous, à la seule idée d'appartenir à un autre! Oh! Valentine! Valentine, si j'étais ce que vous êtes, si je me sentais aimé comme vous êtes sûre que je vous aime, déjà cent fois j'eusse passé ma main entre les barreaux de cette grille, et j'eusse serré la main du pauvre Maximilien en lui disant : « A vous, à vous seul, Maximilien, dans ce monde et dans l'autre. »

Valentine ne répondit rien, mais le

jeune homme l'entendit soupirer et pleurer.

La réaction fut prompte sur Maximilien.

— Oh! s'écria-t-il, Valentine! Valentine! oubliez mes paroles, s'il y a dans mes paroles quelque chose qui ait pu vous blesser!

— Non, dit-elle, vous avez raison; mais ne voyez-vous pas que je suis une pauvre créature, abandonnée dans une maison presque étrangère, car mon père m'est presque un étranger, et dont la volonté a été brisée depuis dix ans, jour par jour, heure par heure, minute par minute, par la volonté de fer de maîtres qui pèsent sur moi? Personne ne voit ce que je souffre, et je ne l'ai dit à personne qu'à vous.

En apparence, et aux yeux de tout le monde, tout m'est bon, tout m'est affectueux, en réalité tout m'est hostile. Le monde dit : M. de Villefort est trop grave et trop sévère pour être bien tendre envers sa fille ; mais elle a eu du moins le bonheur de retrouver dans madame de Villefort une seconde mère. Eh bien ! le monde se trompe, mon père m'abandonne avec indifférence, et ma belle-mère me hait avec un acharnement d'autant plus terrible qu'il est voilé par un éternel sourire.

— Vous haïr ! vous, Valentine ! et comment peut-on vous haïr ?

— Hélas ! mon ami, dit Valentine, je suis forcée d'avouer que cette haine pour moi vient d'un sentiment presque naturel. Elle adore son fils, mon frère Édouard.

— Eh bien?

— Eh bien! cela me semble étrange de mêler à ce que nous disions une question d'argent; eh bien! mon ami, je crois que sa haine vient de là du moins. Comme elle n'a pas de fortune de son côté, que moi je suis déjà riche du chef de ma mère, et que cette fortune sera encore plus que doublée par celle de M. et de madame de Saint-Méran qui doit me revenir un jour, eh bien! je crois qu'elle est envieuse. Oh! mon Dieu! si je pouvais lui donner la moitié de cette fortune et me retrouver chez M. de Villefort comme une fille dans la maison de son père, certes je le ferais à l'instant même.

— Pauvre Valentine !

— Oui, je me sens enchaînée, et en même temps je me sens si faible, qu'il me semble que ces liens me soutiennent, et que j'ai peur de les rompre. D'ailleurs, mon père n'est pas un homme dont on puisse enfreindre impunément les ordres ; il est puissant contre moi, il le serait contre vous, il le serait contre le roi lui-même, protégé qu'il est par un irréprochable passé et par une position presque inattaquable. Oh! Maximilien ! je vous le jure, je ne lutte pas parce que c'est vous autant que moi que je crains de briser dans cette lutte.

— Mais enfin, Valentine, reprit Maximilien, pourquoi désespérer ainsi, et voir l'avenir toujours sombre ?

— Ah ! mon ami, parce que je le juge par le passé.

— Voyons cependant, si je ne suis pas un parti illustre au point de vue aristocratique, je tiens cependant par beaucoup de points, au monde dans lequel vous vivez ; le temps où il y avait deux Frances dans la France n'existe plus, les plus hautes familles de la monarchie se sont fondues dans les familles de l'Empire ; l'aristocratie de la lance a épousé la noblesse du canon. Eh bien ! moi, j'appartiens à cette dernière : j'ai un bel avenir dans l'armée, je jouis d'une fortune bornée, mais indépendante ; la mémoire de mon père, enfin, est vénérée dans notre pays comme celle d'un des plus honnêtes négociants qui aient existé. Je dis notre pays, Valentine, parce que vous êtes presque de Marseille.

— Ne me parlez pas de Marseille, Maximilien, ce seul mot me rappelle ma bonne mère, cet ange que tout le monde a regretté, et qui, après avoir veillé sur sa fille pendant son court séjour sur la terre, veille encore sur elle, je l'espère du moins, pendant son éternel séjour au ciel. Oh! si ma pauvre mère vivait, Maximilien, je n'aurais plus rien à craindre ; je lui dirais que je vous aime, et elle nous protégerait.

— Hélas! Valentine, reprit Maximilien, si elle vivait je ne vous connaîtrais pas sans doute ; car, vous l'avez dit, vous seriez heureuse si elle vivait, et Valentine heureuse m'eût regardé bien dédaigneusement du haut de sa grandeur.

— Ah! mon ami, s'écria Valentine, c'est vous qui êtes injuste à votre tour... Mais, dites-moi...

— Que voulez-vous que je vous dise, reprit Maximilien, voyant que Valentine hésitait.

— Dites-moi, continua la jeune fille, est-ce qu'autrefois à Marseille il y a eu quelque sujet de mésintelligence entre votre père et le mien?

— Non pas que je sache, répondit Maximilien, si ce n'est cependant que votre père était un partisan plus que zélé des Bourbons, et le mien un homme dévoué à l'Empereur ; c'est, je le présume, tout ce qu'il y a jamais eu de dissidence entre eux. Mais pourquoi cette question, Valentine?

— Je vais vous le dire, reprit la jeune fille, car vous devez tout savoir. Eh bien! c'était le jour où votre nomination d'officier de la Légion-d'Honneur fut publiée dans le journal. Nous étions tous chez mon grand-père, M. Noirtier, et, de plus, il y avait encore M. Danglars, vous savez, ce banquier dont les chevaux ont avant-hier failli tuer ma mère et mon frère? Je lisais le journal tout haut à mon grand-père pendant que ces messieurs causaient du mariage probable de M. de Morcerf avec mademoiselle Danglars. Lorsque j'en vins au paragraphe qui vous concernait et que j'avais déjà lu, car dès la veille au matin vous m'aviez annoncé cette bonne nouvelle; lorsque j'en vins, dis-je, au paragraphe qui vous concernait, j'étais bien heureuse... mais aussi bien tremblante d'être forcée de prononcer tout haut votre nom, et bien certainement je l'eusse omis sans la crainte que j'éprouvai qu'on interprétât à mal mon silence; donc je rassemblai tout mon courage et je lus.

— Chère Valentine!

— Eh bien! aussitôt que résonna votre nom, mon père tourna la tête : j'étais si persuadée (voyez comme je suis folle!) que tout le monde allait être frappé de ce nom comme d'un coup de foudre, que je crus voir tressaillir mon père, et même (pour celui-là c'était une illusion, j'en suis sûre), et même M. Danglars.

— Morrel, dit mon père, attendez donc ! Il fronça le sourcil. Serait-ce un de ces Morrel de Marseille, un de ce enragés bonapartistes qui nous ont donné tant de mal en 1815 ?

— Oui, répondit M. Danglars ; je crois même que c'est le fils de l'ancien armateur.

— Vraiment ! fit Maximilien ; et que répondit votre père, dites, Valentine ?

— Oh ! une chose affreuse, et que je n'ose vous redire.

— Dites toujours, reprit Maximilien en souriant.

— Leur Empereur, continua-t-il en

fronçant le sourcil, savait les mettre à leur place, tous ces fanatiques : il les appelait de la chair à canon, et c'était le seul nom qu'ils méritassent ; je vois avec joie que le gouvernement nouveau remet en vigueur ce salutaire principe. Quand ce ne serait que pour cela qu'il garde l'Algérie, j'en féliciterais le gouvernement quoiqu'elle nous coûte un peu cher.

— C'est en effet d'une politique assez brutale, dit Maximilien ; mais ne rougissez point, chère amie, de ce qu'a dit là M. de Villefort ; mon brave père ne cédait en rien au vôtre sur ce point, et il répétait sans cesse : « Pourquoi donc l'Empereur, qui fait tant de belles choses, ne fait-il pas un régiment de juges et d'avocats, et ne les envoie-t-il pas toujours au premier feu ? » Vous le voyez, chère amie, les partis se valent pour le pittoresque de l'expression et pour la douceur de la pensée. Mais M. Danglars, que dit-il à cette sortie du procureur du roi?

— Oh! lui se mit à rire, de ce rire sournois qui lui est particulier, et que je trouve féroce; puis ils se levèrent l'instant d'après et partirent. Je vis alors seulement que mon bon grand père était tout agité. Il faut vous dire, Maximilien, que moi seule je devine ses agitations, à ce pauvre paralytique, et je me doutais d'ailleurs que la conversation qui avait eu lieu devant lui (car on ne fait plus attention à lui, pauvre grand-père), l'avait fort impressionné, attendu qu'on avait dit du mal de son empereur, et que, à ce qu'il paraît, il a été fanatique de l'empereur.

— C'est, en effet, dit Maximilien, un des noms connus de l'Empire, il a été sénateur, et, comme vous vous le savez, ou comme vous ne le savez pas, Valentine, il fut à peu près de toutes les conspirations bonapartistes que l'on fit sous la Restauration.

— Oui, j'entends quelquefois dire tout bas de ces choses-là qui me semblent étranges ; le grand-père bonapartiste, le père royaliste ; enfin, que voulez-vous ?... Je me retournai donc vers lui.

Il me montra le journal du regard.

— Qu'avez-vous, bon papa ? lui dis-je, êtes-vous content ?

Il fit de la tête signe que oui.

— De ce que mon père vient de dire? demandai-je.

Il fit signe que non.

— De ce que M. Danglars a dit?

Il fit signe que non encore.

— C'est donc de ce que M. Morrel, je n'osai pas dire Maximilien, est nommé officier de la Légion-d'Honneur?

Il fit signe que oui.

— Le croirez-vous, Maximilien? il était content que vous fussiez nommé officier de la Légion-d'Honneur, lui qui ne vous connaît pas; c'est peut-être de la folie de sa part, car il tourne, dit-on, à l'enfance; mais je l'aime bien pour ce oui-là.

— C'est bizarre, pensa Maximilien ; votre père me haïrait donc, tandis qu'au contraire votre grand-père... Etranges choses que ces amours et ces haines de partis !

— Chut! s'écria tout-à-coup Valentine. Cachez-vous, sauvez-vous; on vient !

Maximilien sauta sur une bêche et se mit à retourner impitoyablement la luzerne.

— Mademoiselle, mademoiselle, cria une voix derrière les arbres, madame de Villefort vous cherche partout et vous appelle; il y a une visite au salon.

— Une visite! dit Valentine tout agitée; et qui nous fait cette visite?

— Un grand seigneur, un prince, à ce qu'on dit, M. le comte de Monte-Christo.

— J'y vais, dit tout haut Valentine.

Ce nom fit tressaillir de l'autre côté de la grille celui à qui le *j'y vais* de Valentine servait d'adieu à la fin de chaque entrevue.

— Tiens! se dit Maximilien en s'appuyant tout pensif sur sa bêche, comment le comte de Monte-Christo connaît-il M. de Villefort?...

FIN DU SEPTIÈME VOLUME.

TABLE DES CHAPITRES.

CHAP. Ier. La Vendetta (suite)	1
II. La Pluie de Sang	46
III. Le Crédit illimité	91
IV. L'Attelage gris-pommelé	139
V. Idéologie	181
VI. Haydée	221
VII. La famille Morrel	239
VIII. Pyrame et Thisbé	275

ŒUVRES COMPLÈTES D'EUGÈNE SUE.

Le Juif errant. 10
Les Mystères de Paris. 10
Mathilde. 6
Deux Histoires. 2
Le Marquis de Létorière. . . 1
Deleytar. 2
Jean Cavalier. 4
Le Morne au Diable. 2
Thérèse Dunoyer. 2
Latréaumont. 2
La Vigie de Koat-Ven. . . . 4
Paula Monti. 2
Le Commandeur de Malte. . 2
Plick et Plock. 1
Atar-Gull. 2
Arthur. 4
Coucaratcha. 3
La Salamandre. 2

www.ingramcontent.com/pod-product-compliance
Lightning Source LLC
Chambersburg PA
CBHW060417170426
43199CB00013B/2182